U0884716

山海经

高山 编著

〔第一册〕

光明日報出版社

图书在版编目（CIP）数据

山海经：全6册 / 高山编著. –北京：光明日报出版社，2015.6（2018.7重印）
ISBN 978-7-5112-8599-7

Ⅰ. ①山… Ⅱ. ①高… Ⅲ. ①历史地理–中国–古代 Ⅳ. ①K928.631

中国版本图书馆CIP数据核字（2015）第125726号

山海经

SHANHAIJING

著　　者：高　山

责任编辑：曹　杨　刘景峰　　责任校对：傅泉泽
封面设计：张婷婷　　责任印制：曹　净

出版发行：光明日报出版社
地　　址：北京市西城区永安路106号，100050
电　　话：010–67078258（咨询），67078870（发行），67019571（邮购）
传　　真：010–67078227，67078255
网　　址：http://book.gmw.cn
E – mail：caoyang@gmw.cn
法律顾问：北京市德恒律师事务所龚柳方律师

印　　刷：北京德富泰印务有限公司
装　　订：北京德富泰印务有限公司
本书如有破损、缺页、装订错误，请与本社联系调换，电话：010–67019571

开　　本：170 × 250　　印　　张：100
字　　数：1560千字
版　　次：2015年8月第1版
印　　次：2018年7月第2次印刷
书　　号：ISBN 978-7-5112-8599-7

定　　价：680.00元（全6册）

版权所有　翻印必究

前　言

《山海经》是中国先秦重要古籍，也是一部富有神话色彩的最古老的奇书。它涵盖了上古地理、天文、历史、神话、气象、动物、植物、矿藏、医药等方面的诸多内容，可以说是上古社会生活的一部百科全书。

《山海经》中所保存的我国古代神话传说，更是在所有古代典籍中首屈一指。我们熟知的“精卫填海”“夸父追日”“羿射九日”“刑天舞干戚”“鲧禹治水”“嫦娥奔月”“共工怒触不周山”“黄帝蚩尤之战”等神话传说，都可以在《山海经》找到渊源。《山海经》奇特的、高超的想象力，也是我国古代典籍之冠，还没有哪一部书，能像《山海经》那样，对于神、仙、鬼、怪，山、川、天、地做出如此精彩的、具有高度艺术魅力的想象和夸张，它可以说是我国浪漫主义的最早源头之一。

《山海经》的今传本最早是经西汉刘向、刘歆父子整理校订而成的，全书共十八卷，分为《山经》五卷、《海经》八卷、《大荒经》四卷、《海内经》一卷。据刘歆所说，《山海经》的作者为大禹及其属臣益，所以他认定该书的撰著时间为上古的虞夏之际。可以肯定的是，书中大量的神话确实源自上古的口耳相传，但说全书皆为虞夏之物显然是证据不足的。

现代学者研究后认为《山海经》并非作于一人一时，而是经过漫长的时间才不断增益成书。古时的《山海经》还附有图画，晋代大诗人陶渊明就有“流观山海图”的名句。可惜，这些图画早已失传了。据统计，全书记载山名五千三百多处，水名二百五十余条，动物一百二十余种，植物五十余种。至于散布全书的神话传说，更是俯拾皆是。袁珂先生称赞《山海经》“非特史地之权舆，亦乃神话之渊府”，真是恰如其分。

《山海经》不仅是社会科学工作者重要的研究对象，也是广大读者获得古代知识的宝库。要了解古代的山川风物、奇兽怪鸟、神仙魔鬼、金玉珍宝、神话故事，不可不读《山海经》。但是，这部书年代久远，文字艰深难解，许多读者朋友因为文字的障碍，不能饱览《山海经》的全部风采。正因如此，我们把全书译成白话文，疑难字加以注释，并选配了大量各个朝代的《山海经》插图，便于读者阅读时参考。

现存《山海经》的古刻本有：明万历二十一年刊行的胡文焕《山海经图》格致丛书图本；明万历二十五年刊行的蒋应镐《山海经（图绘全像）》绘图本；明万历四十七年刊行的王崇庆《山海经释文》图文本；清康熙年间刊刻的吴任臣《增补绘像山海经广注》图文本；清光绪年间刊刻的汪绂《山海经存》校释印本；清光绪年间刊刻的毕沅《山海经》图注原本；清光绪年间刊刻的郝懿行《山海经笺疏》石印图文本等。这些古刻本保存了古代学者大量的有关研究成果，是我们进一步研究《山海经》不可缺少的宝贵资料。

此次校勘整理，我们择优选本，参校他本，择善而从，将原文中的讹字、衍字用括号标示出来。在注释时，力求明白易懂，不作烦琐考证，凡采用前贤成说者，皆注出人物姓名。本书的译文，以直译为主，兼顾语言的简明流畅。

有一点需要说明的是，《山海经》中有些神话、传说中的山川地名，与今不同，有的本来就非实指；有的兽怪植物，也为现在所不见，这也因系神话，而非世间实有。虽然历代学者做过许多考证，但仍有不少尚无定论，为不致以讹传讹，除其中部分译注出今地名外，一般不再注出。经文中许多异怪的动、植物，文字生僻，不易记，故行文中多次注音，以加深印象。

另外，本书在译注中参阅了历代学者，尤其是当今学者的研究成果，其中有些已注明，有些没有一一注出，特此说明，并向理论倡导者一并致谢。

书中的错讹必然不少，请读者不吝赐教。

目 录

第一册

第二册

第二卷　西山经

第三册

第四册

第五册

第六册

卷一　南山经

卷一

南山经

【题解】

南山经主要介绍南方三大山系的地貌矿藏和怪兽珍禽，以及各大山系的山神祭祀情况。三大山系共辖有大小四十座山脉，总长度有一万六千三百八十里。

第一山系，招摇山上有吃了不会饥饿的神草祝余；杻阳山上有会吟唱的怪兽鹿蜀；柢山上有长着翅膀的鯥鱼，吃了它可以防治疾病；青丘山上有叫灌灌的鸟，人们佩戴它可以不受蛊惑。

在第二山系，有食人的猛兽猾裹和蛊雕。

在第三山系，丹穴山和南禺山上有德鸟凤凰，它一出现就意味着天下将会太平；仑者山上有神木白荅，人吃了它不会饥饿，还可以解除疲劳。

南山之首曰䧿山。其首曰招摇之山，临于西海之上，多桂，多金玉。有草焉，其状如韭而青华，其名曰祝余，食之不饥。有木焉，其状如穀[①]而黑理，其华四照，其名曰迷穀，佩之不迷。有兽焉，其状如禺[②]而白耳，伏行人走，其名曰狌狌[③]，食之善走。丽麐之水出焉，而西流注于海，其中多育沛，佩之无瘕疾[④]。

狌狌

【注释】

①穀：构树，其树皮可用来造纸。

②禺：一种长尾猕猴。

③狌狌：猩猩。这里指传说中一种长着人脸，能通晓往事却不能预知未来的野兽。

白猿

④瘕疾：中医所指的一种腹中结块的病，即现代人所说的蛊胀病。

【译文】

《南山经》所记述的南方首列山系是䧿山山系。䧿山山系的第一座山是招摇山，它耸立于西海岸边，山上生长着许多桂树，蕴藏着丰富的金、玉矿石。山上有一种草，形状像韭菜而开青色的花朵，名叫祝余，人吃了这种草就不会感到饥饿。山上有一种树，形状像构树而有黑色的纹理，它开的花光华照耀四方，名叫迷榖，人把这种花佩戴在身上就不会迷失方向。山上有一种野兽，形貌和猴相似而长着白色的耳朵，既能匍匐爬行，又能直立奔跑，名叫狌狌，人吃了它的肉就会走得飞快。丽麐水从此山发源，然后向西流入大海，丽麐水中盛产一种叫育沛的东西，人把它带在身上就不会生腹内结块的病。

又东三百里，曰堂庭之山[1]，多棪木[2]，多白猿，多水玉，多黄金。

【注释】

①堂庭：今洞庭，在湖南境内。今洞庭湖滨人称洞庭音如堂庭。

②棪（yǎn）：今之苹果。

【译文】

再往东三百里的地方，有座堂庭山，山上生长着大量的棪木，有数量众多的白色猿猴，山里还盛产水晶和黄金。

又东三百八十里，曰即翼之山，其中多怪兽，水多怪鱼，多白玉，多蝮虫[1]，多怪蛇，多怪木，不可以上。

【注释】

①蝮虫：反鼻虫。传说中的毒蛇名。虫，古“虺”字。

蝮虫

【译文】

再往东三百八十里，有座即翼山，山上多产怪兽，附近的水里出产大量怪鱼，山里白玉储量丰富，也有很多反鼻虫，山里有很多奇蛇和怪木，这山险峻不可攀登。

又东三百七十里，曰杻阳[①]之山，其阳[②]多赤金，其阴多白金[③]。有兽焉，其状如马而白首，其文如虎而赤尾，其音如谣[④]，其名曰鹿蜀[⑤]，佩之宜子孙。怪水[⑥]出焉，而东流注于宪翼之水。其中多玄龟，其状如龟而鸟首虺[⑦]尾，其名曰旋龟，其音如判木[⑧]，佩之不聋，可以为底[⑨]。

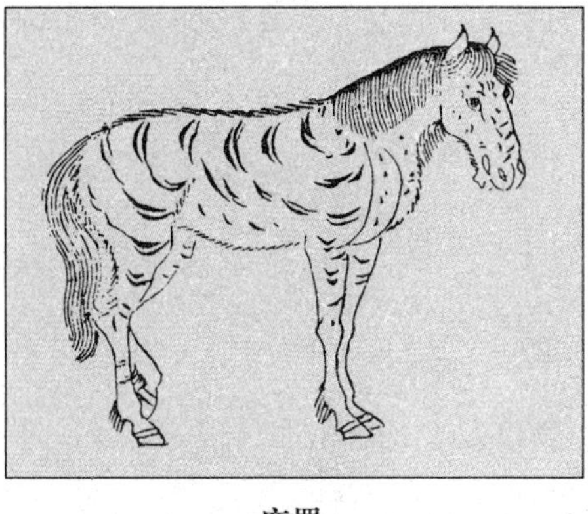

鹿蜀

【注释】

①杻（niǔ）阳：古山名。《五藏山经传》卷一：“杻当作丑，羞也。丑阳之山，今郭拉岭也，以居怪水之阳。故名丑阳。”

②阳：山南水北为阳。又，山北水南为阴。

③白金：指银矿石。

④谣：古代不用乐器伴奏的清唱叫“谣”。

⑤鹿蜀：古代传说中的兽名。

⑥怪水：《五藏山经传》卷一：“今佳隆鲁河，出山之西南，东北流会翁楚河。象穿窬，故曰怪。又象淫者，故曰丑。”

⑦虺（huǐ）：一种有毒的蛇。

⑧判木：劈木。

⑨为底：为是治疗的意思，“底”通“胝”，指手掌或脚底的厚茧。为底，意思是可以医治厚茧。

旋龟

【译文】

从即翼山再往东三百七十里的地方，有座山叫杻阳山。山的南面盛产金属矿物，山的北面盛产白银。山中有一种身形像马的野兽，它的头是白色的，身上的斑纹像虎斑，而尾巴是赤红色的，它鸣叫起来声音很动听，如同人在唱歌，这种野兽叫鹿蜀，人们如果穿戴它的毛皮，对他们的子孙很有好处。还有奇怪的溪水从这座山流出，向东流入宪翼水。溪中有许多玄龟，这种玄龟的样子与普通的龟没什么区别，但是长着鸟一样的头和蛇一样的尾巴，它的名字叫旋龟，它的叫声像是劈木发出的响声。人们如果佩戴它不但能使耳朵聪慧，而且还可以治疗脚上的老茧。

又东三百里，曰柢山[①]，多水，无草木。有鱼焉，其状如牛，陵居，蛇尾有翼，其羽在魼[②]下，其音如留牛，其名曰鱼鯥[③]，冬死而夏生，食之无肿疾。

【注释】

①柢（dǐ）山：传说中的山名。

②魼（xié）：也作“胁”。鱼的肋骨部位。

③鯥(lù):传说中的一种怪鱼。

鯥

【译文】

再向东三百里，是柢山，山间有很多水流，没有花草树木。有一种鱼，样子和牛相似，在山坡上栖息，长着蛇一样的尾巴并且有翅膀，翅膀长在胺下，鸣叫的声音像犁牛，名叫鯥，冬天休眠而夏天复苏，人吃了它的肉就不会患痈肿疾病。

又东四百里，曰亶爰之山[①]，多水，无草木，不可以上。有兽焉，其状如狸而有髦[②]，其名曰类，自为牝牡[③]，食者不妒。

类

【注释】

①亶爰(chán yuán):传说中的山名。

②髦(máo):泛指动物头颈上的长毛。

③牝(pìn)牡:鸟兽的雌性和雄性。牝，鸟兽的雌性。牡，鸟兽的雄性。

【译文】

再向东四百里，是亶爰山，山间多水流，没有花草树木，不能攀登上去。山上有一种野兽，形貌和野猫相似而长着像人一样的长头发，名叫类，一身兼具雄雌两性，人吃了它的肉就不会产生妒忌心。

又东三百里，曰基山，其阳多玉，其阴多怪木。有兽焉，其状如羊，九尾四耳，其目在背，其名曰猼訑[①]，佩之不畏。有鸟焉，其状如鸡而三首六目、六足三翼，其名曰鹇鸺，食之无卧[②]。

【注释】

①猼訑:传说中的兽名。

猼訑

②卧：指睡觉。

【译文】

由亶爰山再往东三百里有座山，名叫基山。山的南坡蕴藏着丰富的玉石，山的北坡生长有很多奇形怪状的树木。山上有一种野兽，身形像羊，但长着九条尾巴和四只耳朵，而眼睛却长在后背上。这种野兽名叫猼訑。如果披着它的皮就可以不怕任何东西。山上还有一种鸟，形状像鸡，但却长着三个头、六只眼、六只脚和三只翅膀。这种鸟名叫䳗䲹。谁要吃了这种鸟的肉，就可以不知疲倦，不思睡眠。

又东三百里，曰青丘之山，其阳多玉，其阴多青雘[①]。有兽焉，其状如狐而九尾，其音如婴儿，能食人；食者不蛊。有鸟焉，其状如鸠，其音若呵，名曰灌灌，佩之不惑。英水出焉，南流注于即翼之泽。其中多赤鱬[②]，其状如鱼而人面，其音如鸳鸯，食之不疥[③]。

九尾狐

【注释】

①青雘：一种青色矿物颜料。一般认为即今石青、白青之属。古代常作涂饰用。

灌灌

②赤鱬：也叫鲵鱼，即娃娃鱼，为两栖动物，有四只脚，长尾巴，生活于水中，可以上树。

③疥：指疥疮。

【译文】

由基山再往东三百里有座山，名叫青丘山。山的南坡蕴藏有丰富的玉石矿产，山的北坡多为可做涂饰用的青雘。山上生长着一种野兽，身形似狐但却长着九条尾巴，叫声似婴儿啼哭一般，能吃人，但若人吃了它的肉便可以避邪防妖。山上还生长着一种鸟，形状像鸠，但鸣叫声就像人吵架似的，名叫灌灌。人若带着它，也可以避邪防妖。这座山中有一条名叫英水的水流流出，向南流入即翼泽。英水中有很多赤鱬。这是一种形体似鱼、而脸似人的人鱼。它叫出的声音像鸳鸯啼叫一般。人若吃了这种人鱼，便可以不生疥疮。

赤鱬

鸟身龙首神

又东三百五十里，曰箕尾之山①，其尾踆于东海②，多沙石。汸水出焉③，而南流注于淯④，其中多白玉。

【注释】

①箕尾之山：今黄山与天目山之合称。

②踆（dūn）：古“蹲”字。蹲，踞也。

③汸（fāng）水：古水名。

④淯（yù）：古水名。即河南白河，为汉江支流。

【译文】

再向东三百五十里，是箕尾山，山的尾端蹲居于东海之滨，山上到处是沙土石块。汸水从此山发源，然后向南流入淯水，汸水中盛产白色玉石。

凡誰山之首，自招摇之山，以至箕尾之山，凡十山，二千九百五十里。其神状皆鸟身而龙首。其祠之礼：毛①用一璋玉瘗②，糈③用稌④米，白菅⑤为席⑥。

【注释】

①毛：古代祭祀时所用的有毛的牲畜，如猪、羊、牛、马、鸡等。下文有“毛用一鸡”、“毛用一犬”等说明用哪一种牲畜。

②璋：玉器名，状如半圭。瘗（yì），埋，埋葬。

③糈（xǔ）：祭祀用的精米。

④稌（tú）米：稻米，粳米。

⑤白菅（jiān）：茅草的一种，叶片细长，很坚韧，可以用来制作扫帚。

⑥席：郝懿行注“席者，借以依神”，也就是降神所用的席子。

【译文】

纵观南山第一山系䧿山，从招摇山到箕尾山，一共十座山，两千九百五十里。这些山的山神都长着鸟的身子龙的脑袋。人们祭祀的礼仪是：将祭祀的牲畜和璋玉一起埋在地下，祭祀用的米是稻米，还用一块璧玉和稻米做贡品，供奉山神的坐席是用茅草编织的席子。

南次二山之首，曰柜山[①]，西临流黄[②]，北望诸𣲦[③]，东望长右。英水出焉，西南流注于赤水，其中多白玉，多丹粟[④]。有兽焉，其状如豚，有距[⑤]，其音如狗吠，其名曰狸力，见则其县多土功。有鸟焉，其状如鸱而人手[⑥]，其音如痺[⑦]，其名曰鴸[⑧]，其名自号也，见则其县多放士[⑨]。

狸力

【注释】

①柜（jǔ）山：山名。

②流黄：流黄酆氏，流黄辛氏，国名，见《海内西经》及《海内经》。

③诸𣲦（pí）：山名，亦水名。

④丹粟：像粟粒

一样的红色细沙。

⑤距：这里指鸡足。

⑥鸱（chī）：鹞鹰。

⑦痺（bēi）：类似鹌鹑。

⑧鴸（zhū）：传说中的鸟名。

⑨放士：被放逐的人才。

【译文】

南方第二列山系的第一座山叫作柜山，这山的西边靠近流黄酆氏国，北边与诸毗山相望，东边与长右山相望。英水就发源于这座山，之后向西南注入赤水。附近的水里出产大量白色的玉石，还出产很多像粟粒一样的红色细沙。山里有种野兽，形状像小猪，长着一对鸡足，声音像狗叫，它的名字叫狸力，这野兽出现在哪个郡县，那里一定会有繁重的治水工程。山里有种鸟，形状像鹞鹰，它的脚像人手，叫声像雌鹌鹑，它的名字叫鴸，这名字就是从它自己鸣叫声中呼唤出来的，这鸟出现在哪个郡县，那里的才智之士就多会被流放。

鴸

东南四百五十里，曰长右之山，无草木，多水。有兽焉，其状如禺而四耳[①]，其名长右，其音如吟[②]，见则其郡县大水。

长右

【注释】

①禺（yù）：长尾猿。

②吟：呻吟。

【译文】

往东南四百五十里的地方，有座长右山，山上没有任何草木，但是水源却很丰富。有一种兽，形状像长尾猿，长着四只耳朵，它的名字叫长右，它的声音像人的呻吟，它所出现的郡县，定会发生大水灾。

猾裹

又东三百四十里，曰尧光之山，其阳多玉，其阴多金。有兽焉，其状如人而彘鬣[①]，穴居而冬蛰[②]，其名曰猾裹[③]，其音如斫木[④]，见则县有大繇[⑤]。

【注释】

①彘鬣（zhì liè）：猪身上长得长而刚硬的毛。彘，猪。

②蛰（zhé）：动物冬眠，潜伏起来不食不动。

③猾裹（huái）：一种形状像人的怪兽。

④斫（zhuó）木：砍伐树木。

⑤繇（yáo）：徭役。繇，通“徭”。

【译文】

再向东三百四十里，是尧光山，山南面盛产玉石，山北面盛产黄金。山上有一种野兽，形貌和人相似而长有像猪一样的鬣毛，住在洞穴中，冬季蛰伏，名叫猾裹，叫声好像砍木头时的响声。哪个地方出现猾裹，哪个地方就会有繁重的徭役。

又东三百五十里，曰羽山，其下多水，其上多雨，无草木，多蝮虫[①]。

【注释】

①蝮虫：反鼻虫。传说中的毒蛇名。虫，古“虺”字。

【译文】

再向东三百五十里，是羽山，山下多水流，山上经常下雨，没有花草树木，有很多蝮虫。

又东三百七十里，曰瞿父之山，无草木，多金玉。

【译文】

从羽山再往东三百七十里的地方，有座山叫瞿父山，山上没有花草树木，却盛产金属矿物和玉石。

又东四百里，曰句余之山，无草木，多金玉。

【译文】

从瞿父山再往东四百里的地方，有座山叫句余山，山上没有花草树木，却盛产金属矿物和玉石。

彘

又东五百里，曰浮玉之山，北望具区，东望诸毗。有兽焉，其状如虎而牛尾，其音如吠犬，其名曰彘，是食人。苕水出于其阴[①]，北流注于具区[②]。其中多鮆鱼[③]。

【注释】

①苕水：古水名。在今浙江境内。

②具区：今之太湖。

③鮆（cǐ）鱼：今太湖中生长的刀鱼。该鱼头狭长，大的长约一尺。

【译文】

再向东五百里，是浮玉山，在山上向北可以望见具区泽，向东可以望见诸毗水。山上有一种野兽，形貌和老虎相似而长着牛一样的尾巴，叫声好像狗叫，名叫彘，是能吃人的。苕水从此山的北麓发源，向北流入具区泽，苕水中有很多鮆鱼。

鮆鱼

又东五百里，曰成山，四方而三坛，其上多金玉，其下多青雘。阕水出焉[①]，而南流注于虖勺[②]，其中多黄金。

【注释】

①阏（zhuō）水：水名。

②虖勺（hū shuò）：水名，古人认为即南滹沱水。

【译文】

从浮玉山再往东五百里的地方，有座山叫成山。这座山四面山坡，像是三层土坛堆砌起来的。山上蕴藏着丰富的金属矿物和玉石，山下有很多青雘。阏水从这座山流出，向南流入虖勺河，水底蕴藏丰富的金属矿物。

又东五百里，曰会稽之山，四方，其上多金玉，其下多砆石[①]。勺水出焉，而南流注于溴[②]。

【注释】

①砆（fū）石：武夫石，近似玉石。

②溴（jú）：水名。疑即今之瓯江。

【译文】

再向东五百里，是会稽山，呈四方形，山上蕴藏着丰富的金、玉矿石，山下盛产砆石。勺水从此山发源，然后向南流入溴水。

又东五百里，曰夷山，无草木，多沙石，溴水出焉，而南流注于列涂。

【译文】

再向东五百里，是夷山，山上没有花草树木，到处是沙土石块。溴水从此山发源，然后向南流入列涂水。

又东五百里，曰仆勾之山，其上多金玉，其下多草木，无鸟兽，无水。

【译文】

再向东五百里，是仆勾山，山上蕴藏着丰富的金、玉矿石，山下生长着茂密的花草树木，山上没有鸟兽，也没有水。

又东五百里，曰咸阴之山，无草木，无水。

【译文】

再向东五百里，是咸阴山，山上没有花草树木，也没有水。

又东四百里，曰洵山，其阳多金，其阴多玉。有兽焉，其状如羊而无口，不可杀也，其名曰䍺[①]。洵水出焉，而南流注于阏之泽[②]，其中多茈蠃[③]。

䍺

【注释】

①䍺(huàn)：形状像羊的怪兽。

②阏(è)：湖泊名。

③茈(zǐ)蠃(luó)：紫色的螺。

【译文】

再向东四百里，是洵山，山南面盛产金属矿物，山北面盛产玉石。山上有一种野兽，形貌和羊相似而没有嘴，不吃东西也能存活下去，名叫䍺。洵水从此山发源，然后向南流入阏泽，洵水中有很多紫色的螺。

又东四百里，曰虖勺之山，其上多梓枏[①]，其下多荆杞[②]。滂水出焉，而东流注于海。

【注释】

①梓：梓树，落叶乔木。枏：同“楠”。即楠木树，楠木属樟科，常绿乔木，叶质厚，花小，核果小球形。常用于建筑及制作家具。

②荆：牡荆，马鞭草科牡荆属落叶灌木。杞：枸杞，双子叶植物，茄科。落叶灌木。茎干细长，丛生，有短刺。叶卵形或卵状菱形，花淡紫色。有很大的药用价值。

【译文】

由洵山再往东四百里是虖勺山。山上多生长梓木、楠木，山坡下多生长荆棘、枸杞。山间有条名叫滂水的溪流流出，向东最终流入东海。

又东五百里，曰区吴之山，无草木，多沙石。鹿水出焉，而南流注于滂水。

【译文】

由虖勺山再往东五百里有座区吴山。山上不生长草木，满山都是沙子和石头。山间有条名叫鹿水的溪流流出，向南流入滂水。

又东五百里，曰鹿吴之山，上无草木，多金石。泽更之水出焉，而南流注于滂水。水有兽焉，名曰蛊雕，其状如雕而有角，其音如婴儿之音，是食人。

蛊雕

【译文】

从区吴山再往东五百里的地方，有座山叫鹿吴山。这座山上没有花草树木，盛产金属矿物和玉石。泽水从这座山流出，然后向南流入滂水。水里有一种水兽，名叫蛊雕，它的身形与普通的雕一样，但是它头上有角。它的叫声与婴儿的啼哭声一样，这种水兽是会吃人的。

东五百里，曰漆吴之山，无草木，多博石[①]，无玉。处于海，东望丘山，其光载出载入，是惟日次[②]。

龙身鸟首神

【注释】

①博石：博即博棋。博石指可以做棋子的石头。

②次：停留，休息。

【译文】

再向东五百里，是漆吴山，山上没有花草树

木，盛产博石，不产玉石。漆吴山位于东海之滨，在山上远望可见一片丘陵，有光影忽明忽暗，那是太阳出没的地方。

凡南次二山之首，自柜山至于漆吴之山，凡十七山，七千二百里。其神状皆龙身而鸟首。其祠：毛用一璧瘗[①]，糈用稌[②]。

【注释】

①瘗（yì）：埋。

②糈（xǔ）：祭祀用的精米。稌（tú）：稻米。

【译文】

总计南方第二列山系之首尾，从柜山起，直到漆吴山止，共有十七座山，绵延七千二百里。这十七座山山神的形貌都是龙身鸟头。祭祀山神的典礼是把畜禽配上玉璧一起埋入地下，祀神的米用稻米。

南次三山之首，曰天虞之山，其下多水，不可以上。

【译文】

南方第三列山系的第一座山叫天虞山，山下多水，山势险峻不可攀登。

东五百里，曰祷过之山，其上多金玉，其下多犀兕[①]，多象[②]。有鸟焉，其状如䴔[③]，而白首、三足、人面，其名曰瞿如[④]，其鸣自号也。泿水出焉，而南流注于海。其中有虎蛟[⑤]，其状鱼身而蛇尾，其音如鸳鸯，食者不肿，可以已痔[⑥]。

犀

【注释】

①犀：犀牛。传说其形似水牛，猪头，大腹，庳脚，脚有三蹄，皮为黑色，头顶、前额、鼻子各生有一角。兕：雌性犀牛，传说其形似水牛，只生有一只角，皮毛为青色，体形壮硕，可达三千

斤。

②象：大象。

③䴔：传说当中的一种鸟，长相如同野鸭，较野鸭小些，脚接近尾部。

④瞿如：传说中的鸟名。

⑤虎蛟：传说中龙的一种，鱼身蛇尾。

⑥已：治疗。痔：痔疮。

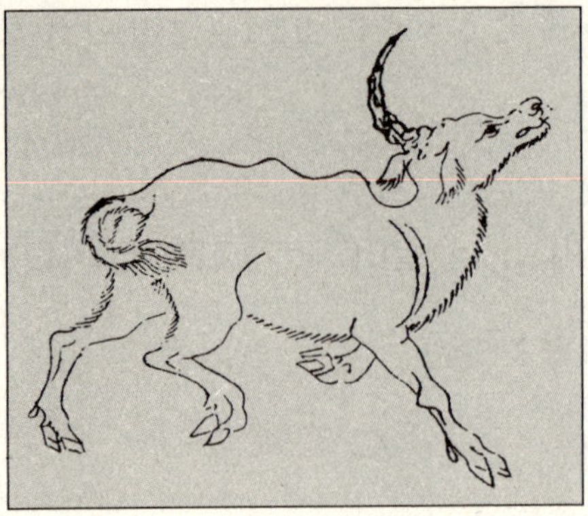

兕

【译文】

由天虞山往东五百里就是祷过山。山上蕴藏有丰富的金矿和玉石。山下生长着很多凶猛的犀牛，还有很多象。山中有一种鸟，身形像鱼鹰，但头是白色的，脚长着三只，脸像人。这种鸟名叫瞿如。之所以取这个名，是因为它的鸣叫声是“瞿——如——”山间有条溪流流出，名叫泿水，向南流去，最终流入南海。泿水中有种名叫虎蛟的动物，身形像鱼，但长着似蛇的尾巴，鸣叫声像鸳鸯叫。人若吃了它的肉，就可以不生痈肿病，而且还可以医治痔疮。

虎蛟

又东五百里，曰丹穴之山，其上多金玉。丹水出焉，而南流注于渤海。有鸟焉，其状如鸡，五采而文，名曰凤皇，首文曰德，翼文曰顺，背文曰义，膺文曰仁[①]，腹文曰信。是鸟也，饮食自然，自歌自舞，见则天下安宁。

【注释】

①膺（yīng）：胸。

【译文】

再向东五百里，是丹穴山，山上盛产金、玉矿石。丹水从此山发源，然后向南流入渤海。山上有一种鸟，样子和鸡相似，全身长着五彩羽毛，名叫凤凰，头上的花纹是“德”字的形状，翅膀上的花纹是“顺”字的形状，背部的花纹是“义”字的形状，胸部的花纹是“仁”字的形状，腹部的花纹是“信”字的形状。这种鸟在自然界觅食，常自己边唱边舞。它一出现天下就会太平。

又东五百里，曰发爽之山，无草木，多水，多白猿。汎水出焉[①]，而南流注于渤海。

【注释】

①汎（fàn）水：古代流入渤海的一条水名。

【译文】

再向东五百里，是发爽山，山上没有花草树木，多水流，有很多白色的猿猴。汎水从此山发源，然后向南流入渤海。

又东四百里，至于旄山之尾，其南有谷，曰育遗，多怪鸟，凯风自是出[①]。

【注释】

①凯风：南风。

【译文】

再向东四百里，就到了旄山的尾部。旄山的南面有一道峡谷，叫育遗谷，谷中有许多奇怪的鸟，南风就是从这里吹出来的。

又东四百里，至于非山之首，其上多金玉，无水，其下多蝮虫。

【译文】

再往东四百里，就到了非山的头部，山上盛产金属矿物和玉石，没有水，山下有许多反鼻虫。

又东五百里，曰阳夹之山，无草木，多水。

【译文】

再向东五百里，是阳夹山，山上没有花草树木，多水流。

又东五百里，曰灌湘之山，上多木，无草。多怪鸟，无兽。

【译文】

再向东五百里，是灌湘山，山上生长着许多树木，但没有花草；山上有许多奇怪的鸟，但没有野兽。

又东五百里，曰鸡山，其上多金，其下多丹雘。黑水出焉，而南流注于海。其中有鱄鱼[①]，其状如鲋而彘毛[②]，其音如豚[③]，见则天下大旱。

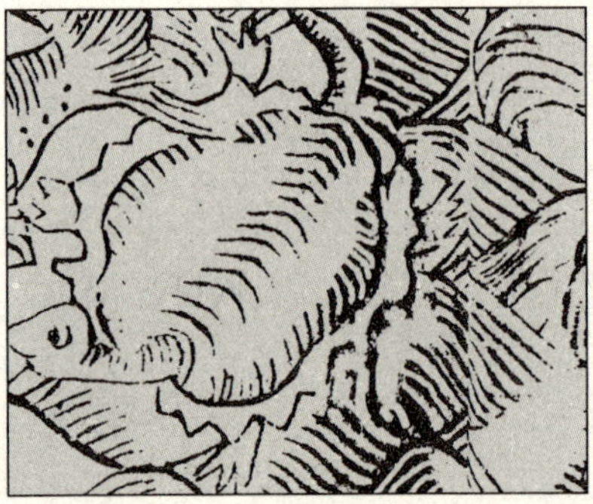

鱄鱼

【注释】

①鱄（tuán）鱼：古代传说中的一种怪鱼。

②鲋（fù）：鲫鱼。彘（zhì）：猪。

③豚：小猪。

【译文】

再向东五百里，是鸡山，山上盛产黄金，山下盛产丹雘。黑水从此山发源，然后向南流入大海。黑水中有一种鱄鱼，样子像鲫鱼而长着像猪一样的毛，叫声好像小猪叫，它一出现天下就会大旱。

又东四百里，曰令丘之山，无草木，多火。其南有谷焉，曰中谷，条风[①]自是出。有鸟焉，其状如枭[②]，人面四目而有耳，其名曰颙[③]，其鸣自号也，见则天下大旱。

【注释】

①条风：东北风。

②枭：猫头鹰一类的鸟。

③颙（yóng）：传说中的一种鸟。

【译文】

从鸡山再往东四百里的地方，有座山叫令丘山。山上没有花草树木，容易发生山火现象。这座山的南面有个峡谷，叫中谷。东北风就是从中谷吹出来的，山谷中有一种鸟，它的形状像猫头鹰，但是长着一副人的面孔，有四只眼睛，还有耳朵，它的名字叫颙，颙是根据它的鸣叫声来命名的。颙一旦出现，天下就将发生大旱灾。

颙

又东三百七十里，曰仑者之山，其上多金玉，其下多青雘。有木焉，其状如榖而赤理，其汁如漆，其味如饴[①]，食者不饥，可以释劳，其名曰白䓘[②]，可以血玉[③]。

【注释】

①饴：用麦芽制作的软糖，这里是指有甜味。

②䓘（gāo）：古树名。

③血玉：血，作动词用，涂染的意思，即将玉饰品涂染使之色泽鲜艳，焕发光彩。郭璞注："血谓可用染玉作光彩。"

【译文】

从令丘山再往东三百七十里的地方，有座山叫仑者山。山上盛产金属矿物和玉石，山下盛产青雘。山上有一种树，形状像构木，有着红色的纹理，枝干流出的汁液像油漆，味道甘甜。人们如果吃了这种汁就不会感到饥饿，还可以消除疲劳。这种树名叫白䓘，它的汁是染玉的好材料。

又东五百八十里，曰禺稾之山[①]，多怪兽，多大蛇。

【注释】

①禺稾（gǎo）：山名。

【译文】

再向东五百八十里，是禺稾山，山上有许多怪异的野兽，还有许多大蛇。

又东五百八十里，曰南禺之山，其上多金玉，其下多水。有穴焉，水出辄入[1]，夏乃出，冬则闭。佐水出焉，而东南流注于海，有凤皇、鹓雏[2]。

【注释】

①出：应是“春”字之讹。

②鹓（yuān）雏：鸟名。在古代传说中，鹓雏是和凤凰、鸾鸟同类的鸟。

【译文】

再向东五百八十里，是南禺山，山上蕴藏着丰富的金、玉矿石，山下多水流。山上有一处洞穴，到了春天水就流入洞穴，到了夏天水就流出洞穴，而到了冬天洞穴则闭塞不通。佐水从此山发源，然后向东南流入大海，其流经之处有凤凰和鹓雏栖息。

凡南次三山之首，自天虞之山以至南禺之山，凡一十四山，六千五百三十里。其神皆龙身而人面。其祠皆一白狗祈[1]，糈用稌。

龙身人面神

【注释】

① 祈：祈求，求福。这里是指向神祈求、祷告的意思。

【译文】

纵观《南次三经》这一山系，从天虞山到南禺山，共十四座山，沿途六千五百三十里。这里的山神都是龙的身形，人的面孔。人们祭祀山神时，都是用一条白色的狗做祭品，向神祈祷。祭神用的米是稻米。

右南经之山志，大小凡四十山，万六千三百八十里。

【译文】

以上所记《南山经》中的山，大大小小总共四十座，总长达一万六千三百八十里。

卷二 西山经

卷二

西山经

【题解】

《西山经》记载的山脉无论是在现实中还是在神话里都可谓是名山。

《西山经》的第一座山系是华山山系，这表明西岳在很早就已经是中土的重要形胜，其中关于用含有矿物质的水给牲畜防疫的知识表明先民对矿物的利用很深入。

关于昆仑山、玉山、崒山的描述充满了浪漫的神话色彩，保留了关于西王母、黄帝、后稷等神话人物的事迹，各种神的名字光怪陆离。蒸腾的玉泉和各种神兽的意象令人神往。关于西方流沙和沼泽的描绘暗示着西方曾经的湿热气候。

西山华山之首，曰钱来之山，其上多松，其下多洗石[①]。有兽焉，其状如羊而马尾，名曰羬羊[②]，其脂可以已腊[③]。

【注释】

①洗石：一种洗澡时用来刮擦身上污垢的石头。

②羬（qián）羊：古时西方出产的一种大尾羊，其尾可食。

③腊（xī）：本义是风干的腊肉，这里指皮肤遭风干起皴皱。

羬羊

【译文】

《西山经》所记述的西方首列山系华山山系的第一座山，是钱来山，山上生长着许多松树，山下有很多洗石。

山上有一种野兽，形貌和羊相似而长着马一样的尾巴，名叫羬羊，羬羊的油脂可以治疗皮肤干裂。

西四十五里，曰松果之山，濩水出焉，北流注于渭，其中多铜。有鸟焉，其名曰螐渠，其状如山鸡，黑身赤足，可以已㬥[①]。

螐渠

【注释】

①㬥：皮肤皴裂。

【译文】

由钱来山向西四十五里有座松果山。山间有条名叫濩水的溪流流出，向北流入渭河。水中有很多铜沙。松果山上有一种鸟，名叫螐渠，身形像山鸡，身体是黑色的，爪子是红色的。这种鸟可以用来医治皮肤皴裂。

又西六十里，曰太华之山[①]，削成而四方，其高五千仞，其广十里，鸟兽莫居。有蛇焉，名曰肥遗，六足四翼，见则天下大旱。

【注释】

①太华之山：山名。即西岳华山，在陕西省华阴县南，因其西有少华山，故称太华。

【译文】

由松果山再往西六十里有座太华山。这座山险峻陡

肥遗（蛇）

峭，如刀斧砍削而成，山有四面，山高有五千仞，山脚绵延十里。这座山太高太陡，且多为石头，所以一般鸟兽无法在山上存身。山上倒是有一种蛇，名叫肥遗，长着六只脚爪和两对翅膀。这种蛇一旦出现，那天下必定将遭受严重的旱灾。

又西八十里，曰小华之山，其木多荆杞，其兽多㸲牛，其阴多磬石[①]，其阳多㻬琈之玉。鸟多赤鷩，可以御火[②]。其草有萆荔[③]，状如乌韭[④]，而生于石上，亦缘木而生，食之已心痛。

㸲　　赤鷩

【注释】

①磬石：适宜制磬的美石。

②御火：谓避火灾。

③萆荔：薜荔。一种香草，可作药用。

④乌韭：一种苔藓类植物，多生于潮湿的地方。又名昔邪、垣衣等。

【译文】

由太华山再往西八十里有座山，名叫小华山。山上生长的植物主要是荆棘和枸杞。山上生长的野兽主要是㸲牛。山的北坡有很多可制作成乐器的磬石，南坡蕴藏有丰富的名叫㻬琈的玉石。山上生长的鸟类主要是锦鸡，这种锦鸡可以喷射出一种能灭火的液体。山上生长着一种草，名叫薜荔，形状像乌韭草，但生长在石头缝上，也有的攀缘树木生长。如果吃了这种草，可以医治好心绞痛症。

又西八十里，曰符禺之山，其阳多铜，其阴多铁。其上有木焉，名曰文茎，其实如枣，可以已聋。其草多条，其状如葵[1]，而华黄实，如婴儿舌，食之使人不惑。符禺之水出焉，而北流注于渭。其兽多葱聋，其状如羊而赤鬣[2]。其鸟多鴖[3]，其状如翠而赤喙，可以御火。

葱聋

【注释】

①葵：葵菜。我国古代最重要的蔬菜之一。

②鬣（liè）：动物长在脖子上的鬃毛。

③鴖（mín）：鸟类名。一说当为“鹃”，翠色红嘴的鸟。

【译文】

再往西八十里有座符禺山，这山的南边出产大量的铜，山的北边铁产量丰富。山上有种叫文茎的树，它的果实像枣子，可以治疗耳聋。山里的草以条草为主，条草的形状与葵菜差不多，开红色花朵，结黄色的果实，果子就像婴儿的舌头，人吃了它就不会迷惑。符禺水就从这山发源，之后向北流注入渭水。山里的野兽以葱聋为多，这种野兽形状像羊，长着红色的鬣毛。山里的鸟以鴖为多，这鸟的形状像翠鸟，有红色的嘴巴，把它养在身边可以防御火灾。

鴖

又西六十里，曰石脆之山，其木多棕枏[①]，其草多条[②]，其状如韭，而白华黑实，食之已疥[③]。其阳多㻬琈之玉，其阴多铜。灌水出焉，而北流注于禺水。其中有流赭[④]，以涂牛马无病。

【注释】

①枏（nán）：同“楠”，一种珍贵的木材。

②条：条草，植物名。与前文条草的形状与药用功能皆不相同。

③疥：一种因为潮湿而发生的传染性皮肤病。

④赭（zhě）：红色的土。即今所谓赤铁矿。

【译文】

再往西六十里，有座石脆山，这山上有大量的棕树和楠树，还有到处可见的条草。条草的样子与韭菜相似，开白色的花朵，结黑色的果实，人吃了它的果实可以治愈疥疮。山的南边盛产㻬琈玉，山的北边铜储量丰富。灌水就从此山发源，之后向北注入禺水。水里有很多流赭，把它们涂在牛马的身上，可以预防疾病。

又西七十里，曰英山，其上多杻橿[①]，其阴多铁，其阳多赤金。禺水出焉，北流注于招水[②]，其中多鲜鱼[③]，其状如鳖，其音如羊。其阳多箭䉋[④]，其兽多㸲牛、羬羊。有鸟焉，其状如鹑，黄身而赤喙，其名曰肥遗[⑤]，食之已疠[⑥]，可以杀虫。

鲜鱼　肥遗（鸟）

【注释】

①杻（niǔ）：一种像棣树的树，能用来造弓。橿（jiāng）：一种木质坚硬的树，能用来

造车。

②招（sháo）水：古河名。

③鲜（bàng）鱼：鱼名。

④䉋（mèi）：一种竹节长竹根深的竹子，可以制造弓箭。

⑤肥遗：鸟名，与太华山之肥遗蛇同名。

⑥疠（lì）：因为感受时气导致的瘟疫。

【译文】

再往西七十里有座英山，山上到处是杻树和橿树，山的北边盛产铁，山的南边盛产黄金。禺水就从此山发源，之后向北注入招水，禺水里有很多鲜鱼，这鱼的形状像鳖一样，发出的声音如同羊叫声。山的南边生长着很多低矮的箭竹和䉋竹，山里的野兽多是形体很大的㸲牛和羬羊。山中有种鸟，形状像鹌鹑，有黄色的身体和红色的嘴巴，它的名字叫肥𧏿，吃了它的肉可以治愈麻风病，还能杀死身体里的虫子。

又西五十二里，曰竹山，其上多乔木，其阴多铁。有草焉，其名曰黄雚[①]，其状如樗[②]，其叶如麻，白华而赤实，其状如赭[③]，浴之已疥，又可以已胕[④]。竹水出焉，北流注于渭，其阳多竹箭，多苍玉。丹水出焉[⑤]，东南流注于洛水[⑥]，其中多水玉，多人鱼。有兽焉，其状如豚而白毛，毛大如笄而黑端[⑦]，名曰豪彘[⑧]。

人鱼

【注释】

①雚（guàn）：荻，一种像芦苇的植物，茎可以用来编苇席。

②樗（chū）：臭椿树，一种落叶乔木。

③赭（zhě）：红土，成分是赤铁矿，古代用作黄棕色染料。

④胕（fú）：浮肿病。

⑤丹水：今发源陕西商洛。

⑥洛水：黄河的重要支流。今发源于陕西，在河南境内流入黄河。

⑦笄（jī）：簪子，古人用来插住挽起的头发。

⑧豪彘（zhì）：豪猪。

【译文】

豪彘

再往西五十二里，有座竹山，山上有很多高大的树木，山的北边盛产铁。山里有种草，名叫黄雚，它的形状像樗树，叶子像麻的叶子，开白色的花朵，结红色的果实，果实是赭色的，用它来洗浴可以消除疥疮，也可以治愈浮肿病。竹水就从此山发源，之后向北注入渭水，竹水的北岸有许多低矮的小竹丛，还出产大量青色的玉石。丹水也从这座山发源，之后向东南注入洛水。丹水出产大量水晶，还有很多人鱼。山里有种野兽，形状像幼猪，身上长着白色的毛，毛有簪子粗细，顶端是黑色的，这野兽的名字叫豪彘。

又西百二十里，曰浮山①，多盼木，枳叶②而无伤③，木虫居之。有草焉，名曰薰草④，麻叶而方茎，赤华而黑实，臭如蘼芜⑤，佩之可以已疠。

【注释】

①浮山：古山名。《五藏山经传》卷二："浮山，在蓝田县南牧护关，灞水所出，即秦岭北麓也。"

②枳叶：枳树，也叫枸橘，叶子上有很粗的刺。

③无伤：伤，是指刺。这里是指盼木叶上没有能刺伤人的粗刺。

④薰草：《广雅》卷十："薰草，蕙草也。"是一种香草。

⑤蘼芜：一种香草，香气扑鼻。

【译文】

从竹山再往西一百二十里的地方，有座山叫浮山，浮山上到处都是盼木，树叶与枳树叶一样，但是没有刺，树木中生有木虫。山中有一种草，名字叫薰草，叶形像麻叶，草茎呈四方，开红色的花朵，结黑色的果实，这种草散发出一种像蘼芜一样的气味，佩带这种草就可以治愈疫病。

又西七十里，曰羭次之山①，漆水出焉，北流注于渭。其上多棫②橿，其下多竹箭，其阴多赤铜，其阳多婴垣③之玉。有兽焉，其状如禺而长臂，善投，其名曰嚣。有鸟焉，其状如枭，人面而一足，曰橐𩇯④，冬见夏蛰，服之⑤不畏雷。

嚣

【注释】

①羭（yú）次之山：古山名。《五藏山经传》卷二："山在盩厔县南，有黑水三泉奇发，言归一渎，西北合就水入渭，即漆水也。山之西北即盩厔河，象羭，此水为其次也。"

②棫（yù）：一种矮小的树。

③婴垣（yuán）：一种可以做饰品的玉石。

④橐𩇯（tuó féi）：古鸟名。

⑤服之：郭璞注"着其毛羽，令人不畏天雷也"。《山海经》中有很多处用到"服之"，有的是指佩带，有的是指服用，也有的未能知道到底是指哪一种情况，只好任选其一了。

橐𩇯

【译文】

从浮山再往西七十里的地方，有座山叫羭次山。漆水从这座山流出，然后向北流入渭水。山上有茂盛的棫树和橿树，山下有茂密的小竹丛。山的北面有丰富的黄铜矿，山的南面有很多可以制成颈饰的玉石。山中有一种怪兽，它的身形像禺却长着很长的手臂，擅长投掷，它的名字叫嚣。山上还有一种鸟，它的身形像枭，脸似人面，只有一只脚，这种鸟名字叫橐𩇯，它的习性是冬天出现，在夏天反而蛰居，披着它的羽毛做成的衣服，就不会畏惧打雷。

又西百五十里，曰时山[①]，无草木。逐水出焉，北流注于渭，其中多水玉。

又西百七十里，曰南山[②]，上多丹粟。丹水出焉，北流注于渭。兽多猛豹，鸟多尸鸠[③]。

猛豹

【注释】

①时山：古山名。《五藏山经传》卷二："时山，即太乙山，今名大岭，狗加川水出其东，即家水也。"

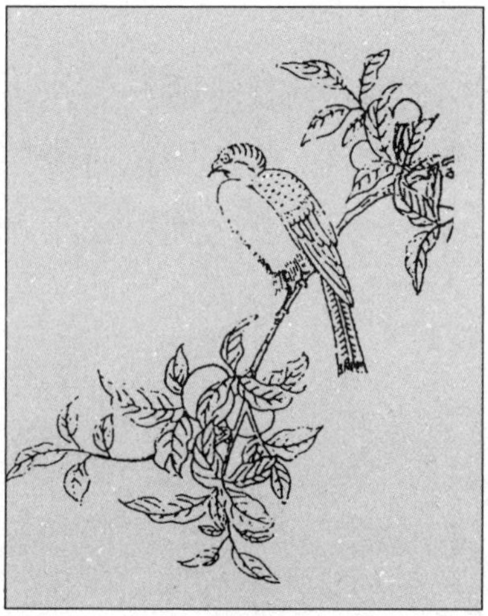

尸鸠

②南山：古山名。《五藏山经传》卷二："南山在兴平县南。秦岭自西东走，群支曲折散出，唯此山正南行二百里讫于宁陕，故独受南称。赤水出于其南，即丹水也。"

③尸鸠：布谷鸟。

【译文】

从羭次山再往西一百五十里的地方，有座山叫时山，山上没有任何花草树木。逐水从这座山流出，然后流入渭水，逐水中盛产水晶石。

从时山再往西一百七十里的地方，有座山叫南山，山上有很多的细丹砂。丹水从南山流出，然后向北流入渭水。山中的野兽大多是猛豹，这里的飞鸟大多是布谷鸟。

又西百八十里，曰大时之山[①]，上多榖柞[②]，下多杻橿，阴多银，阳多白玉。涔水[③]出焉，北流注于渭。清水出焉，南流注于汉水。

【注释】

①大时之山：古山名。《五藏山经传》卷二："山在宝鸡益门镇之正南，当煎茶坪之东南，为秦岭之首。其北清水河所出，南即褒水、西次二源所出也。"

②柞：郭璞注"栎"。属于大风科植物。

③涔（cén）水：《五藏山经传》卷二："褒水四源平列，相去各二十馀里，或三十里，并南流而合，如人竖指之状，故谓之涔。涔从岑，山小而高，像人竖指也。"

【译文】

从南山再往西一百八十里的地方，有座山叫大时山，山上有许多的构树和柞树。山的北面蕴藏着丰富的银矿，山的南面有丰富的白玉石。涔水从这座山流出，然后向北流入渭水。清水河也是从这座山流出，向南流入汉水。

又西三百二十里，曰嶓冢之山[①]，汉水出焉，而东南流注于沔[②]；嚣水出焉，北流注于汤水。其上多桃枝钩端，兽多犀、兕、熊、罴，鸟多白翰、赤鷩[③]。有草焉，其叶如蕙，其本如桔梗[④]，黑华而不实，名曰蓇蓉[⑤]，食之使人无子。

【注释】

①嶓（bō）冢：山名，在今甘肃天水与礼县之间。古人认为是汉水的发源地。

②沔（miǎn）：汉水上游之别名。

③白翰：一种鸟，又名白雉。赤鷩（bì）：一种红色的山鸡，背黄尾绿。

④桔（jié）梗：一种有祛痰与镇咳作用的中药材。

⑤菁（gū）蓉：一种草的名字。

【译文】

再向西三百二十里，是嶓冢山。汉水从此山发源，然后向东南流入沔水；嚣水也从此山发源，向北流入汤水。山上生长着许多桃枝竹和钩端竹，山上的野兽以犀牛、兕、熊、罴居多，鸟类以白翰和赤鷩居多。山上有一种草，叶子像蕙草叶，茎干像桔梗，开黑色的花朵，不结果实，名叫菁蓉，人吃了这种草就不会生育。

白翰

又西三百五十里，曰天帝之山，上多棕枏，下多菅蕙[①]。有兽焉，其状如狗，名曰谿边，席其皮者不蛊。有鸟焉，其状如鹑，黑文而赤翁[②]，名曰栎[③]，食之已痔。有草焉，其状如葵，其臭如蘼芜，名曰杜衡[④]，可以走马[⑤]，食之已瘿[⑥]。

【注释】

①菅（jiān）：茅草的一种。蕙：一种香草。

②翁：鸟脖子上的毛。

③栎（lì）：传说中的鸟名。

④杜衡：一种香草名。亦作“杜蘅”。

⑤走马：使马跑得快。

⑥瘿（yǐng）：囊状肿瘤。多生于颈部，包括甲状腺肿大等。

【译文】

再向西三百五十里，是天帝山，山上生长着许多棕树和楠木树，山下生长着许多茅草和蕙草。山上有一种野兽，形貌和狗相似，名叫谿边，人用它的皮做垫席就不会中妖邪之气。山上有一种鸟，样子和鹌鹑相似，长着黑色的花纹和红色的颈毛，名叫栎，人吃了它的肉可以治愈痔疮。山上有一种草，形状像葵菜，气味和蘼芜相似，名叫杜衡，马吃了这种草可以跑得飞快，人吃了这种草可以治愈颈瘤病。

栎

西南三百八十里，曰皋涂之山，蔷水出焉[①]，西流注于诸资之水；涂水出焉，南流注于集获之水。其阳多丹粟，其阴多银、黄金，其上多桂木。有白石焉，其名曰礜[②]，可以毒鼠。有草焉，其状如藁茇[③]，其叶如葵而赤背，名曰无条，可以毒鼠。有兽焉，其状如鹿而白尾，马足人手而四角，名曰玃如[④]。有鸟焉，其状如鸱而人足[⑤]，名曰数斯，食之已瘿。

【注释】

①蔷（sè）水：古水名。

②礜（yù）：一种性热含毒的矿石。

③藁（gǎo）茇（bá）：一种根茎可以入药的香草。

④玃（jué）如：传说中的兽名。

⑤鸱（chī）：鹞鹰。

数斯

山海经

【译文】

向西南三百八十里，是皋涂山。蔷水从此山发源，向西流入诸资水；涂水也从此山发源，向南流入集获水。山南面有很多粟粒大小的丹砂，山北面蕴藏着丰富的金银矿石，山上生长着许多桂树。山上有一种白色的石头，名叫礜，可以用来毒死老鼠。山上有一种草，形状像稾茇，叶子像葵菜而背面是红色的，名叫无条，可以用来毒死老鼠。山上有一种野兽，形貌和鹿相似而长着白色的尾巴、马一样的脚蹄、人一样的手和四只角，名叫玃如。山上有一种鸟，样子和鸮鹰相似而长着人一样的脚，名叫数斯，人吃了它的肉可以治愈颈瘤病。

又西百八十里，曰黄山，无草木，多竹箭。盼水出焉，西流注于赤水，其中多玉。有兽焉，其状如牛而苍黑大目，其名曰𤛑。有鸟焉，其状如鸮，青羽赤喙[①]，人舌能言，名曰鹦䳇[②]。

【注释】

①喙：鸟兽的嘴。

②鹦䳇：鹦鹉，又称作鹦哥。

【译文】

𤛑

由皋涂山再往西一百八十里有座山，名叫黄山。这座山上不生草木，但有很多小竹。盼水发源于这座山，从山涧流出后便向西流入赤水。盼水中有很多玉石。山上有一种野兽，身形像牛，但全身都是黑色的，眼睛很大。它的名字叫𤛑。山上还有一种鸟，身形像猫头鹰，但羽毛是青色的，嘴壳是红色的，舌头像人的舌头，能说人话。这种鸟名叫鹦鹉。

又西二百里，曰翠山，其上多棕枏，其下多竹箭，其阳多黄、玉，其阴多

旄牛

旄牛、麢、麝[1]。其鸟多鸓，其状如鹊[2]，赤黑而两首、四足，可以御火。

【注释】

①旄牛：牦牛，产于我国西南地区。麢：同“羚”，即羚羊，四肢细长，蹄小而尖，善于奔跑。能耐干旱。麝：也叫香獐，形状像鹿但小而无角，尾巴短。雄的犬齿发达，露出口外。脐部有香腺能分泌麝，供药用或做香料。

②鹊：喜鹊。

【译文】

由黄山再往西二百里有座山，名叫翠山。这座山的上半部分生长的树种主要是棕树和楠树，下半部分生长着很多的小竹。南坡蕴藏着丰富的黄金、玉石，山的北坡有很多牦牛、羚羊和香獐出没。这座山上生长的鸟主要是鸓鸟。这种鸟体形似喜鹊，但羽毛的颜色是红黑相间的，长着两个头、四只脚，可以用来防御火灾。

麢

又西二百五十里，曰騩山，是錞[1]于西海，无草木，多玉。凄水出焉，西流注于海，其中多采石、黄金，多丹粟。

凡西山之首，自钱来之山至于騩山，凡十九山，二千九百五十七里。华山，冢也[2]，其祠之礼：太牢[3]。羭山，神也，祠之用烛，斋百日以百牺，瘗用百瑜，汤其酒百樽，婴以百珪[4]百璧。其余十七山之属，皆毛牷[5]用一羊祠之。烛者，百草之未灰，白席采等纯之。

【注释】

①镎：这里指坐落、高踞。

②冢：这里指山顶。

⑤太牢：古代祭祀，牛、羊、豖三牲具备谓之太牢。

④婴：古代指妇女颈饰。这里是用玉器祭祀神的专称。珪：同“圭”，古玉器名。长条形，上端作三角形，下端正方。中国古代贵族朝聘、祭祀、丧葬时以为礼器。依其大小，以别尊卑。

⑤毛牷：指祀神时所用的毛物牲畜。牷：指纯色毛的牛或健壮的牛。

【译文】

由翠山再往西二百五十里有座山，名叫騩山。这座山濒临西海。山上寸草不生，遍地都是玉石。凄水就发源于这座山，从山涧流出后，便向西流入西海。凄水中有很多彩色的石头和黄金，还有很多的细丹砂。

羭山神

综观西山第一列山系，从钱来山到騩山，共计十九座山，绵延两千九百五十七里。华山是众山的宗主，人们祭祀这尊山神时，用牛、羊、猪三种牲畜祭祀。而祭祀羭次山，则要行最隆重的大社礼。人们祭祀这羭次山山神时，用火烛将庙堂照得通亮，将一百头牲畜斋祭一百天，并与一百块美玉一起埋葬。同时还要摆列一百杯烫热的酒，酒杯上要系一百块珪玉、一百块璧玉。其余十七座山祭祀的礼仪都是这样的：用一只纯色的羊祭祀山神，照明用的火烛，用的是未燃尽的百草灰，铺在地上的席是白色的，并用五种颜色镶了边。

西次二山之首，曰钤山，其上多铜，其下多玉，其木多杻橿。

【译文】

西山第二列山系最东头的一座山，名叫钤山。这座山上半部分蕴藏有丰富的铜，下半部分有很多的玉石。山上生长的树种主要是杻树和橿树。

西二百里，曰泰冒之山[①]，其阳多金，其阴多铁。洛水出焉，东流注于河，其中多藻玉[②]。多白蛇[③]。

【注释】

①泰冒：山名，在今陕西延安境内。

②藻玉：带有彩色纹理的玉。

③白蛇：一种水蛇。

【译文】

向西二百里，有座泰冒山，山的南边盛产黄金，山的北边盛产铁矿。洛水就从此山发源，之后向东注入黄河，洛水盛产藻玉，也有大量白色水蛇。

又西一百七十里，曰数历之山[①]，其上多黄金，其下多银，其木多杻橿[②]，其鸟多鹦䳇。楚水[③]出焉，而南流注于渭，其中多白珠。

【注释】

①数历之山：古山名。《五藏山经传》卷二："数历。子午山南分水岭也。自岭而南，其西注泾诸川四源均列，象积禾，故曰数历。历者，数积禾也。其川即程水矣。"

②杻（niǔ）橿（jiāng）：杻树，外形像棣树，叶子细。橿树，木质坚硬，古代常用它来制造车子。

③楚水：《五藏山经传》卷二："楚当作濋，即沮水。"

【译文】

从泰冒山再往西一百七十里的地方，有座山叫数历山。山上有丰富的金属矿物，山下有丰富的银矿，山上的树木以杻树和橿树为主。山中的飞鸟多是鹦䳇。楚水从这座山流出，然后向南流入渭水。楚水中盛产一种白色的珍珠。

又西百五十里，曰高山[①]，其上多银，其下多青碧[②]、雄黄[③]，其木多棕，其草多竹[④]。泾水[⑤]出焉，而东流注于渭，其中多磬石、青碧。

【注释】

①高山：古山名。《五藏山经传》卷二："高山在邠州北四十馀里，今曰抚琴山，暖泉所发。"

②青碧：一种青绿色的玉石。

③雄黄：也叫鸡冠石，一种矿物，能从矿石中提取。古人常用来消毒、杀虫。

④竹：这里是指一种低矮丛生的小竹。

⑤泾水：《五藏山经传》卷二："泾，迳也，过也。凡溯泾者自渭直西北得暖泉水，其正流乃在西；又循流直西北得杨晋水，正流乃在东，更北行而西北凡三百馀里，入水沟门，更东北十数里入红德川，又改由耿家河直北百六十馀里，尽于三山堡，又改东北十数里得天池。乃正源每进辄过，故是水旁源通，可名泾水。"

【译文】

从数历山再往西一百五十里的地方，有座山叫高山。高山上有丰富的银矿，山下多产青玉和雄黄，山中生长的树木多是棕树，草多是小矮竹。泾水从这座山流出，然后向东流入渭水，泾水中多产磬石和青玉。

西南三百里，曰女床之山，其阳多赤铜，其阴多石涅[①]，其兽多虎豹犀兕[②]。有鸟焉，其状如翟而五采文，名曰鸾鸟，见则天下安宁。

鸾鸟

【注释】

①石涅：黑石脂

的别名，古时用来画眉。

②兕（sì）：古代兽名。皮厚，可以制甲。

【译文】

从高山向西南三百里，是女床山，山南面蕴藏着丰富的铜矿，山北面盛产石涅，山上的野兽以老虎、豹子、犀牛和兕居多。山上有一种鸟，样子像长尾鸡，长着色彩斑斓的羽毛，名叫鸾鸟，它一出现天下就会安宁。

又西二百里，曰龙首之山，其阳多黄金，其阴多铁。苕水出焉[①]，东南流注于泾水，其中多美玉。

【注释】

①苕水：水名。在今陕西境内。与《南山经》中的苕水不同。

【译文】

再向西二百里，是龙首山，山南面蕴藏着丰富的黄金，山北面蕴藏着丰富的铁矿。苕水从此山发源，向东南流入泾水，苕水中盛产美玉。

凫徯

又西二百里，曰鹿台之山，其上多白玉，其下多银，其兽多㸲牛、羬羊、白豪[①]。有鸟焉，其状如雄鸡而人面，名曰凫徯[②]，其鸣自叫也，见则有兵。

【注释】

①㸲（zuó）牛：一种体形硕大的牛。羬（qián）羊：古代传说中的兽名。白豪：白色的豪猪。

②凫徯（xī）：传说中的鸟名。

【译文】

再向西二百里，是鹿台山，山上盛产白玉，山下蕴藏着丰富的银矿，山上的野兽以㸲牛、羬羊、白豪居多。山上有一种鸟，样子像雄鸡而长着人一样的脸，名叫凫徯，它的鸣叫声就是自身名称的读音，它一出现天下就会发生战争。

西南二百里，曰鸟危之山，其阳多磬石，其阴多檀楮[①]，其中多女床[②]。鸟危之水出焉，西流注于赤水，其中多丹粟。

【注释】

①楮(chǔ)：构树，落叶乔木，皮可以制纸。

②女床：一种草本植物，其形状不详。

【译文】

向西南二百里，是鸟危山，山南面盛产磬石，山北面生长着许多檀树和构树，山上生长着许多女床草。鸟危水从此山发源，向西流入赤水，鸟危水中有许多粟粒大小的丹砂。

又西四百里，曰小次之山，其上多白玉，其下多赤铜。有兽焉，其状如猿，而白首赤足，名曰朱厌，见则大兵。

【译文】

再向西四百里，是小次山，山上盛产白玉，山下蕴藏着丰富的赤铜矿。山上有一种野兽，形貌和猿猴相似，头是白色的，脚是红色的，名叫朱厌，它一出现天下就会发生大的战争。

朱厌

又西三百里，曰大次之山，其阳多垩[①]，其阴多碧，其兽多㸲牛、麢羊。

【注释】

①垩（è）：可用来涂饰的有色泥土，有红、白、青、黄等多种颜色。

【译文】

从小次山再往西三百里的地方，有座山叫大次山。山的南面有很多垩土，山的北面有很多青绿色玉石，山中的野兽以㸲牛和羚羊居多。

又西四百里，曰薰吴之山，无草木，多金玉。

【译文】

再向西四百里，是薰吴山，山上没有花草树木，蕴藏着丰富的金、玉矿石。

又西四百里，曰厎阳之山[①]，其木多稷枏豫章[②]，其兽多犀、兕、虎、犳、㸲牛。

【注释】

④厎（zhǐ）阳：古代山名。

②稷（jì）：一种形状像松树，纹理很细的树。枏（nán）：同"楠"。豫章：樟树。

【译文】

再向西四百里，是厎阳山，山上的树木以水松树、楠木树、樟树居多，野兽以犀牛、兕、老虎、犳、㸲牛居多。

又西二百五十里，曰众兽之山，其上多㻬琈之玉[①]，其下多檀楮，多黄金，其兽多犀、兕。

【注释】

①㻬琈（tū fú）之玉：一种美玉。

【译文】

再向西二百五十里，是众兽山，山上盛产瓀玗玉，山下生长着许多檀树和构树，蕴藏着丰富的金矿，山上的野兽以犀牛、兕居多。

又西五百里，曰皇人之山，其上多金玉，其下多青、雄黄[①]。皇水出焉，西流注于赤水，其中多丹粟。

【注释】

①青：青雘，一种可以做青色染料的矿物。

【译文】

再往西五百里，有座皇人山，山上有大量的金属和玉石，山下青雘和雄黄的储量丰富。皇水就从这座山发源，之后向西注入赤水。皇水中有很多粟米粒大小的丹砂。

又西三百里，曰中皇之山，其上多黄金，其下多蕙棠[①]。

【注释】

①棠：棠梨树。

【译文】

再向西三百里，是中皇山，山上蕴藏着丰富的金矿，山下有很多蕙草、棠梨树。

又西三百五十里，曰西皇之山，其阳多金，其阴多铁，其兽多麋、鹿、牪牛。

【译文】

再向西三百五十里，是西皇山，山南面蕴藏着丰富的金矿，山北面蕴藏着丰富的铁矿，山上的野兽以麋、鹿、牪牛居多。

又西三百五十里，曰莱山，其木多檀楮，其鸟多罗罗，是食人。

【译文】

再向西三百五十里，是莱山，山上的树木以檀树和构树居多，鸟类以罗罗鸟居多，这种鸟能吃人。

凡西次二山之首，自钤山至于莱山，凡十七山，四千一百四十里。其十神者，皆人面而马身。其七神，皆人面牛身，四足而一臂，操杖以行，是为飞兽之神。其祠之，毛用少牢[①]，白菅为席，其十辈神者，其祠之，毛一雄鸡，钤而不糈[②]。

人面马身神

【注释】

①少牢：用猪和羊祭祀，称为少牢。

②钤（qián）：祈祷。糈（xǔ）：祭祀用的精米。

【译文】

总计《西次二经》所记西方第二列山系之首尾，自钤山起，直到莱山止，共有十七座山，绵延四千一百四十里。其中有十座山的山神都是人面马身。另七座山的山神都是人面牛身，四只脚，一条臂，拄着拐杖行走，这就是所谓的飞兽之神。祭祀这七位山神时，用猪、羊做祭品，将其放在白茅草席上。祭祀那十位人面马身的山神时的典礼所用的毛物为一只公鸡，不用精米做祭品。

西次三山之首，曰崇吾之山[①]，在河之南，北望冢遂，南望䍃之泽[②]，西望帝之搏兽之山，东望螞渊[③]。有木焉，员叶而白柎[④]，赤华而黑理，其实如枳[⑤]，食之宜子孙。有兽焉，其状如禺而文臂，豹虎而善投，名曰举父[⑥]。有鸟焉，其状如凫，而一翼一目，相得乃飞，名曰蛮蛮[⑦]，见则天下大水。

举父

【注释】

①崇吾之山：古山名。《五藏山经传》卷二："崇吾，阜康至济木沙诸水导源南山，北伏沙中，象崇牙也。牙、吾古音同。山今名布克达山也。"

②䍃（yáo）之泽：湖泊名。《五藏山经传》卷二："达布逊池及西一池，象两舟相过也。汉世名为牾船也。

③螞（yān）渊：《五藏山经传》卷二："奇台东西小水二十馀，皆北流。遇沙而伏，象群蛇也。"

④柎（fū）：花萼。

⑤枳（zhǐ）：树木的名字，它的形状同橘树相似。我国北自山东，南至广东均有分布。

蛮蛮

⑥举父：古代传说中的动物名。这种动物，大小与狗相同，形体似猿猴，黄黑色的毛，有抚摸自己头的习惯，能举起石头来掷人，所以《山海经》中说它善投，因此称它为举父。

⑦蛮蛮：现在称之为比翼鸟。

【译文】

《西次三经》所描述的西部山系的第三组山脉的第一座山叫崇吾山，这座山位于黄河南岸，向北可以看到冢遂山，向南可以看见䍃泽，向西可以看见帝之博兽丘，向东可以看见𡼕渊。山上有一种树，圆圆的叶子，白色的花萼，红色的花朵上有黑色的纹理，结出的果实像枳，吃了这种果实，有利于繁衍子孙后代。山中有一种野兽，形状像猿猴，但是臂膀上有花纹，尾巴像豹尾，善于投掷，它的名字叫举父。山中还有一种鸟，形状像凫，但是只有一只翅膀和一只眼睛，因此只有两只鸟结伴在一起才能飞起来，这种鸟名字叫蛮蛮。这种鸟一旦出现，天下就会发生大水灾。

西北三百里，曰长沙之山，泚水出焉[①]，北流注于泑水[②]，无草木，多青、雄黄。

【注释】

①泚（cǐ）水：古水名。

②泑（yōu）水：古水名。传说在昆仑山附近。

【译文】

从崇吾山往西北三百里的地方，有座山叫长沙山。泚水从这座山流出，然后向北流入泚水，山上没有任何花草树木，山中蕴藏着丰富的石青和雄黄。

又西北三百七十里，曰不周之山[①]，北望诸毗之山，临彼崇岳之山，东望泑泽，河水所潜也，其原浑浑泡泡[②]。爰有嘉果[③]，其实如桃，其叶如枣，黄华而赤柎，食之不劳。

【注释】

①不周：山名，传说此山形体缺，有不周全之处，故得名。不周风即西北风，从此山吹出。

②浑浑（gǔn）泡泡（páo）：大水涌流出来的样子。

③爰（yuán）：这里。

【译文】

从长沙山再往西北三百七十里的地方，有座山叫不周山。从这座山向北可以看见诸毗山，以及和诸毗山相临近的岳崇山，向东可以看见泑泽，它是黄河水潜入地下流注于此而形成的。它源头上的水喷涌而出并发出浑浑泡泡的响声。山上有一种珍贵的果树，能结出一种很好吃的果实，果实像桃子，叶子像枣树叶，开黄色的花，花萼是红色的。吃了这种果实，可以解除疲劳。

又西北四百二十里，曰峚山[①]，其上多丹木，员叶而赤茎，黄华而赤实，其味如饴，食之不饥。丹水出焉，西流注于稷泽[②]，其中多白玉。是有玉膏，其原沸沸汤汤[③]，黄帝是食是飨[④]。是生玄玉。玉膏所出，以灌丹木，丹木五岁，五色乃清，五味乃馨。黄帝乃取峚山之玉荣，而投之钟山之阳。瑾瑜之玉为良，坚栗[⑤]精密，浊泽有而光。五色发作，以和柔刚。天地鬼神，是食是飨；君子服之，以御不祥。自峚山至于钟山，四百六十里，其间尽泽也。是多奇鸟、怪兽、奇鱼，皆异物焉。

【注释】

①峚（mì）山：古山名。《五藏山经传》卷二：“密山，哈什河源之喀拉古颜山也。”古代峚、密两字是相通的。

②稷泽：郭璞注“后稷神所凭，因名云”。

③沸沸汤汤（shāng）：形容水汹涌奔流的样子。

④飨（xiǎng）：通“享”，享用。

⑤坚栗：坚硬。

【译文】

从不周山再往西北四百二十里的地方，有座山叫峚山，这座山遍地是丹树，红红的茎干上长着圆圆的叶子，开黄色的花，结红色的果子，味道甜甜的，吃了这种果子就不会感到饥饿。丹水从这座山流出，然后向西流入稷泽。丹水中有许多白色的玉石。这里有玉膏，它的源头处急流奔涌，相传黄帝就服食享用过这种玉膏。这里还有一种黑色的玉石。用这涌出的玉膏，去浇灌丹树，经过五年的生长，丹树便能开出光彩夺目的五色花朵，结出味道香甜的五色果实。黄帝还采取峚山中玉石的精华，投种在钟山南面向阳的地方，便能生出瑾和瑜这两种美玉。这两种玉坚硬而纹理精密，润厚而富有光泽，五彩缤纷，刚柔相济。这种玉还可以用作祭祀天地鬼神的供品，君子佩带它可以防灾避邪。从峚山到钟山，相距四百六十里，两山之间都是水泽。这里有许多奇怪的鸟、怪异的兽、奇特的鱼，都是世间极为罕见的物种。

又西北四百二十里，曰钟山①，其子曰鼓，其状人面而龙身，是与钦䲹②杀葆江于昆仑之阳，帝乃戮之钟山之东曰䍃崖③。钦䲹化为大鹗④，其状如雕，而黑文白首，赤喙而虎爪，其音如晨鹄⑤，见则有大兵；鼓亦化为鵕鸟⑥，其状如鸱，赤足而直喙，黄文而白首，其音如鹄，见则其邑大旱。

【注释】

①钟山：古山名。《五藏山经传》卷二："伊犁河南岸自特克斯会口以西总名曰钟山。"

②钦䲹（pí）：古代神话传说中的一种神，长得人面兽形。

③䍃（yǎo）崖：《五藏山经传》卷二："䍃岸即沙拉博霍齐岭，在会口之西北临河之上。"

④鹗（è）：亦称鱼鹰，属于雕一类，脚爪非常灵活，会捕鱼。

⑤晨鹄（hú）：古鸟名，属鹗鹰一类。

⑥鵕（jùn）鸟：古鸟名，形似猫头鹰。

鼓

【译文】

从峚山再往西北四百二十里的地方，有座山叫钟山。

钦䲹　　　　　　　　鵕鸟

钟山山神的儿子叫鼓，鼓长着人的面孔，龙的身形。它曾与一个叫钦䲹的神联手把葆江杀死在昆仑山的南坡。黄帝因此发怒，便将鼓和钦䲹一同杀死在钟山东边的嶢崖。钦䲹死后化成一只大鹗鸟。大鹗鸟体形像雕，全身是黑色的花纹，长着白色的脑袋，红色的嘴巴，老虎一样的爪子，它的叫声如同晨鹄啼叫。这种鸟一旦出现，天下就会战乱。鼓死后化成了鵕鸟，形状像鹞鹰，红色的爪子，直长的嘴巴，羽毛上有黄色的花纹，头是白色的。它的叫声同鹄的叫声相似，哪里出现这种鸟，哪里就会有大旱。

又西百八十里，曰泰器之山①，观水②出焉，西流注于流沙。是多文鳐鱼，状如鲤鱼，鱼身而鸟翼，苍文而白首赤喙，常行西海，游于东海，以夜飞。其音如鸾鸡③，其味酸甘，食之已狂，见则天下大穰④。

【注释】

①泰器之山：古山名。《五藏山经传》卷二："泰器之山，扣肯布拉克山也。"

②观水：吕调阳校作"灌水"。

③鸾鸡：古鸟名。

④大穰(ráng)：庄稼大丰收。

文鳐鱼

【译文】

从钟山再往西一百八十里的地方，有座山叫泰器山。观水从这座山流出，然后向西注入流沙。观水中有很多文鳐鱼，这种鱼的形状与鲤鱼相似，有着鲤鱼一样的身形，却长着鸟的翅膀，黑色的花纹，白色的脑袋。红色的嘴巴，常常从西海游向东海，夜里常常跃出水面腾空飞翔。这种鱼发出的声音如同鸾鸡在啼叫，这种鱼的肉又酸又甜，吃了这种鱼肉可以医治癫狂病。这种鱼一旦出现，庄稼将会有大丰收。

又西三百二十里，曰槐江之山[①]，丘时之水出焉，而北流注于泑水。其中多蠃母[②]，其上多青、雄黄，多藏琅玕[③]、黄金、玉，其阳多丹粟，其阴多采黄金银。实惟帝之平圃[④]，神英招司之，其状马身而人面，虎文而鸟翼，徇于四海，其音如榴。南望昆仑，其光熊熊，其气魂魂。西望大泽[⑤]，后稷所潜也。其中多玉，其阴多榣木[⑥]之有若。北望诸毗，槐鬼离仑居之，鹰鹯之所宅也。东望恒山四成，有穷鬼居之，各在一搏[⑦]。爰有嵍水，其清洛洛[⑧]。有天神焉，其状如牛，而八足二首马尾，其音如勃皇，见则其邑有兵。

英招

【注释】

①槐江之山：古山名。《五藏山经传》卷二："槐江即沙尔巴克图河，东北流注喀拉塔拉额西柯淖尔。"

②蠃（luǒ）母："蠃"同"螺"，也作螺母，一种贝壳类的小动物。

③琅玕（láng gān）：美玉。

④平圃：玄圃，传说中的仙境。

⑤大泽：相传为后稷葬身的地方。古代传说中，后稷非常聪明，他死后

化形而遁于大泽成为神。《五藏山经传》卷二："大泽即巴勒喀什淖尔。巴勒喀什即布尔哈斯，如云黄玉池也。此泽东西袤八百馀里，南北广处二百馀里，狭处百馀里，中有三山，以其为后稷之神所潜，因名曰稷泽焉。"

天神

⑥ 榣（yáo）木：古树名，树木高大。郭璞注："榣木，大木也。言其上复生若木。大木之奇灵者为若，见《尸子》。"

⑦ 各在一搏：搏，臂膀。郭璞注："搏犹胁也。言群鬼各以类聚，处山四胁。有穷，其总号耳。"

⑧ 洛洛：水流下的样子。

【译文】

从泰器山再往西三百二十里的地方，有座山叫槐江山。丘时水从这座山流出，然后向北注入泑水。丘时水中有很多螺母。槐江山上有很多青石和雄黄，还蕴藏着丰富的琅玕、金矿和玉石。山的南面有很多的细丹砂，山的北面有许多五颜六色的金矿和银矿，这里就是黄帝的玄圃，由名叫英招的天神负责守护。英招长着马的身子，人的面孔，身上有老虎的花纹和鸟的翅膀。英招神经常周游四海，它发出的声音如同用辘轳抽水发出的声音一样。站在槐江山上，向南可以远眺昆仑山，这个国家火光熊熊，光芒万丈，气势恢宏。向西可以看见大泽，后稷就埋葬在这个国家。大泽中有很多的玉石。山的北面有很多的榣树和若树，向北可以看见诸䰠山，槐鬼离仑神就住在这座山上，鹰鹯也在这里栖息。向东可以看见恒山，并能清晰看见恒山有四重，穷鬼就住在这座山上，穷鬼各以类聚，居住在不同的山洼中。槐江山上还有一个瑶池，池水清澈透底，有天神住在这里专门守护。这个天神身形像牛，长着八条腿、两个头并拖着一条马尾巴，叫声如勃皇。天神出现在哪个地方，哪个地方就将发生兵荒马乱之灾。

西南四百里，曰昆仑之丘，实惟帝之下都，神陆吾司之。其神状虎身而九尾，人面而虎爪，是神也，司天之九部及帝之囿时[①]。有兽焉，其状如羊而四角，名曰土蝼，是食人。有鸟焉，其状如蜂，大如鸳鸯，名曰钦原，蠚鸟兽则死[②]，蠚木则枯。有鸟焉，其名曰鹑鸟，是司帝之百服。有木焉，其状如棠，黄华赤实，其味如李而无核，名曰沙棠，可以御水，食之使人不溺。有草焉，名曰蘋草[③]，其状如葵，其味如葱，食之已劳。河水出焉，而南流东注于无达。赤水出焉，而东南流注于氾天之水[④]。洋水出焉，而西南流注于丑涂之水。黑水出焉，而西流于大杅[⑤]。是多怪鸟兽。

陆吾

【注释】

①囿（yòu）：帝王用来畜养禽兽的园林。

②蠚（hē）：毒虫咬刺，蜇痛。

③蘋（pín）草：一名赖草，为牲畜的良好饲料。

④氾（fán）天：水名。

⑤大杅（yú）：山名。

【译文】

往西南四百里，有座昆仑山，这座山其实是天帝在下界的都城，由天神陆吾掌管。陆吾长得像老虎，有九条尾巴，长着人的面孔，手像虎爪。他主管天上九域的领地和昆仑山苑圃的时节。昆仑山里有种野兽，样子像羊，却长着四只角，名字叫土蝼，这野兽吃人。山中有种鸟，形状像蜜蜂，大小与鸳鸯差不多，它的名字叫钦原，鸟兽如果被这种鸟蜇过都会死，树木被这鸟蜇过也会枯死。这座山里还有种鸟，叫鹑鸟，它主管天帝生活中的各种器物和服饰。山里还有种树木，形状像棠梨树，开黄色的花，结红色的果实，果子的味道像李子但是没有果核，名叫沙棠，人可以用它预防水患，吃了它就能在水中漂浮不沉。山里有种草，名字叫蘋草，它的形状很像葵菜，味道与葱差不多，人吃了它就会远离各种烦恼忧愁。黄河就从这座山发源，之后向

土蝼　　钦原

南流继而向东注入无达山边的湖泊里。赤水也发源于这座山，之后向东南流入氾天水。洋水也发源于这座山，之后向西南流入丑涂水。黑水也发源于这座山，之后向西流入大杅山旁的湖泊。这座山中到处是珍禽异兽。

又西三百七十里，曰乐游之山，桃水出焉，西流注于稷泽，是多白玉。其中多䱻鱼[①]，其状如蛇而四足，是食鱼。

䱻鱼

【注释】

①䱻（huá）鱼：鱼类名。

【译文】

再往西三百七十里，有座乐游山，桃水就从这座山发源，之后向西流入稷泽，这里遍布着白色的玉石，桃水水域有大量的䱻鱼，这鱼的样子像蛇却有四只脚，以鱼类为食。

西水行四百里，流沙二百里，至于蠃母之山，神长乘司之，是天之九德也。其神状如人而犳尾[①]。其上多玉，其下多青石而无水。

长乘

【注释】

①犳（zhuó）：传说中的动物名。

【译文】

往西走过四百里水路，再走二百里流沙，就到了嬴母山，天神长乘是这里的主人，他是天的九德之气所生育的。这个神的样子像人却有犳的尾巴。这座山上到处是玉石，山下到处是青石，没有水。

西王母

又西三百五十里，曰玉山，是西王母所居也。西王母其状如人，豹尾虎齿而善啸，蓬发戴胜[①]，是司天之厉及五残[②]。有兽焉，其状如犬而豹文，其角如牛，其名曰狡[③]，其音如吠犬，见则其国大穰。有鸟焉，其状如翟而赤，名曰胜遇[④]，是食鱼，其音如录[⑤]，见则其国大水。

【注释】

①胜：一种玉制的首饰。

②厉：灾厉。五残：五刑残杀之事。

③狡（jiǎo）：传说中的兽名。

④胜（qìng）遇：古代传说中的鸟名。

⑤录：或作"鹿"。

【译文】

再往西三百五十里，有座玉山，这座山是西王母居住的地方。西王母的样子与人差不多，长着豹子的尾巴和老虎的牙齿，喜欢发出吼叫，她头发蓬松头戴玉胜，主管上天的灾厉和五种刑罚残杀之气。这山里有种野兽，形状像狗，长着豹子般的斑纹，头上长着和牛角相似的角，它

胜遇

的名字叫狡，这种野兽发出的声音就像狗叫，它在哪个国家出现，哪个国家就会五谷丰登。山里有种鸟，形状像野鸡，浑身上下都是红色的，它的名字叫胜遇，以鱼为食，它的鸣叫声就像鹿在叫，它在哪个国家出现，哪个国家就会有水灾发生。

又西四百八十里，曰轩辕之丘[①]，无草木。洵水出焉，南流注于黑水，其中多丹粟，多青、雄黄。

【注释】

①轩辕之丘：轩辕丘，古代传说中的土山名。相传黄帝居住于此，因此黄帝也称轩辕氏。

【译文】

由玉山再往西四百八十里有座山，名叫轩辕丘。这座山丘光秃秃的，寸草不生。洵水就发源于这座山，流出山涧便向南流入黑水。洵水中有很多细丹砂和青色的雄黄石。

又西三百里，曰积石之山，其下有石门，河水冒以西南流。是山也，万物无不有焉。

【译文】

由轩辕丘再往西三百里有座山，名叫积石山。山下有个石门，河水从这个石门倾出后便向西南流去。山上多珍贵野生动物和矿藏，天下万物无所不有。

又西二百里，曰长留之山，其神白帝少昊[①]居之。其兽皆文尾，其鸟皆文首。是多文玉石。实惟员神磈氏[②]之宫。是神也，主司反景[③]。

【注释】

①白帝少昊：传说中古代东夷集团首领，名挚，号金天氏。东夷集团曾以鸟为图腾，相传少昊曾以鸟名为官名。传说少昊死后为西方之神。

神磈氏

②磈氏：古代神话中的山神名。

③反景：夕阳反照。

【译文】

由积石山再往西二百里有座山，名叫长留山。西方之神白帝少昊就住在这座山上。这座山上生长的野兽都长有五光十色的尾巴，鸟类都有五颜六色的脑袋。这座山上有很多带有花纹的玉石。这座山实际上就是员神磈氏的宫殿。这个员神是主管日落时向东方反照晚霞之事的。

又西二百八十里，曰章莪之山，无草木，多瑶碧[①]。所为甚怪。有兽焉，其状如赤豹[②]，五尾一角，其音如击石，其名曰狰。有鸟焉，其状如鹤，一足，赤文青质而白喙，名曰毕方[③]，其鸣自叫也，见则其邑有讹火[④]。

【注释】

①瑶：似玉的美石，亦泛指美玉。碧：青绿色的玉石。

②赤豹：毛赤而有黑色斑纹的豹。

狰　　毕方

③毕方：传说中的怪鸟。青色羽毛，只有一只脚，不吃五谷，出现则常有火灾。

④讹火：莫名其妙地烧起来的怪火。

【译文】

由长留山再往西二百八十里有座山，名叫章莪山。山上光秃秃的，没有草木生长，有很多瑶玉、碧玉。山上有很多奇怪的动物。有一种兽，身形像红色的豹，却长着五条尾巴和一只角，不时发出如敲击石头的叫声。它的名字叫狰。山上还有一种鸟，形状似鹤，却只有一只脚，全身是青色的羽毛，嵌有红色的花纹，嘴壳是白色的。它名叫毕方，它的叫声像是在叫喊自己的名字。这种鸟在哪里出现，哪里就将发生奇怪的火灾。

又西三百里，曰阴山，浊浴之水出焉，而南流注于蕃泽，其中多文贝[①]。有兽焉，其状如狸而白首，名曰天狗，其音如猫猫[②]，可以御凶。

天狗

【注释】

①文贝：有花纹的贝壳。

②猫猫：象声词。

【译文】

由章莪山再往西三百里有座山，名叫阴山。浊浴水发源于这座山，流出山涧后便向南流入蕃泽。浊浴水中有许多颜色十分艳丽的贝类。山上有种兽，身形似野猫，但脑袋是白色的，名叫天狗。天狗的叫声像猫猫。这种野兽可蓄养用来抵御凶残野兽的袭击。

又西二百里，曰符惕之山，其上多棕枏，下多金玉，神江疑[①]居之。是山也，多怪雨，风云之所出也。

江疑

【注释】

①江疑：传说中的天神，专司风雨调度，脾气暴躁。

【译文】

由阴山往西二百里有座山，名叫符惕山。这座山的上半部分生长有很多的棕树和楠树，下半部分蕴藏有丰富的金矿和玉石。江疑神就住在这座山上。山中常年下怪雨，是风云兴起的地方。

又西二百二十里，曰三危之山，三青鸟[①]居之。是山也，广员百里。其上有兽焉，其状如牛，白身四角，其豪如披蓑[②]，其名曰傲㹙，是食人。有鸟焉，一首而三身，其状如䴅[③]，其名曰鸱。

【注释】

①三青鸟：传说中的仙鸟名，为西王母的使者，为其取送食物。

②豪：豪猪身上的毛刺，指硬毛。蓑：蓑衣。

③䴅：鸟名，与雕鹰相似，脖颈为红色，有黑色斑纹。

傲㹙

【译文】

由符惕山再往西二百二十里有座山，名叫三危山。三青鸟就住在这座山上。这座山方圆有百里左右。三危山上生长有一种兽，其身形似牛，周身白色，头上长有四只角，身上的毛有点像披着蓑衣。它的名字叫傲㹙，是一种食人的野兽。三危山上有一种鸟，长着一个脑袋和三个身子，身形似鸫。它的名字叫鸱。

又西一百九十里，曰騩山，其上多玉而无石。神耆童居之[①]，其音常如钟磬[②]。其下多积蛇。

耆童

【注释】

①耆童：老童。古代神话中的神名，传说是为上古帝王颛顼的儿子。

②钟磬：钟和磬，古代礼乐器。

【译文】

由三危山再往西一百九十里有座山，名叫騩山。这座山的山顶上没有普通的石头，但有很多玉石。老童神就住在这里。老童神那里经常发出悦耳的声音。这座山的山坡下有很多积蛇。

又西三百五十里，曰天山，多金玉，有青、雄黄。英水出焉，而西南流注于汤谷。有神焉，其状如黄囊[①]，赤如丹火，六足四翼，浑敦无面目[②]，是识歌舞，实惟帝江也[③]。

帝江

【注释】

①囊（náng）：袋子，口袋。

②浑敦："混沌"，模糊，不分明。

③帝江（hóng）：帝鸿氏，传说中的黄帝。

【译文】

再向西三百五十里，是天山，山上蕴藏着丰富的金、玉矿石，也出产石青、雄黄。英水从此山发源，然后向西南流入汤谷。山里住着一个神人，身形似黄色口袋，皮肤红似丹火，长着六只脚和四只翅膀，混混沌沌没有面目，他懂得唱歌跳舞，实际上就是帝江。

蓐收

又西二百九十里，曰泑山，神蓐收居之[①]。其上多婴脰之玉[②]，其阳多瑾瑜之玉，其阴多青、雄黄。是山也，西望日之所入，其气员，神红光之所司也。

【注释】

①蓐（rù）收：传说中西方的神祇，司秋，人面虎爪白毛。

②婴脰（dòu）之玉：可以做颈部装饰的玉石。婴，颈饰。脰，颈项。

【译文】

再向西二百九十里，是泑山，天神蓐收居住在这里。山上盛产一种婴脰玉，山南面盛产瑾、瑜一类的美玉，山北面盛产石青、雄黄。站在这座山上，向西可以望见太阳落山的情景，那种气象浑圆，由天神红光掌管。

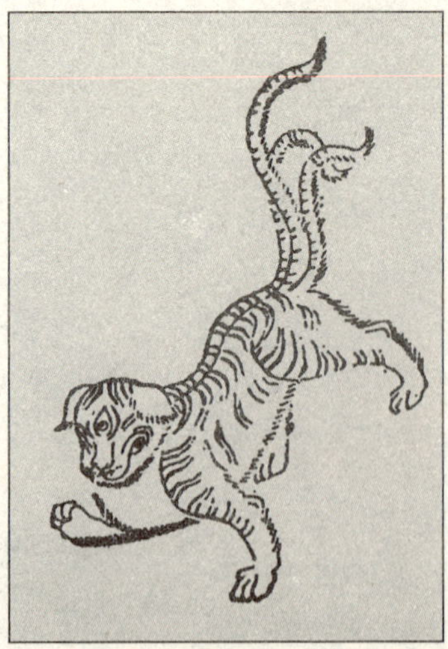

讙

西水行百里，至于翼望之山，无草木，多金玉。有兽焉，其状如狸，一目而三尾，名曰讙[①]，其音如夺百声[②]，是可以御凶，服之已瘅[③]。有鸟焉，其状如乌，三首六尾而善笑，名曰鵸鵌[4]，服之使人不厌[5]，又可以御凶。

鵸鵌

【注释】

①讙（huān）：传说中的兽名。

②夺：超出、压倒。

③瘅（dàn）：通“疸”，即黄疸病，中医认为是由虚热造成的。

④鵸鵌（qí tú）：有五彩而赤纹的鸟。

⑤厌（yǎn）：同“魇”，恶梦。

【译文】

向西行一百里水路，就到了翼望山，山上没有花草树木，但蕴藏着丰富的金、玉矿石。山上有一种野兽，形貌和野猫相似，长着一只眼睛、三条尾巴，名叫讙，能赛过一百种动物的声音。人饲养它可以辟凶邪之气，吃了它的肉可以治好黄疸病。山上有一种鸟，样子像乌鸦，长着三个脑袋、六条尾巴，喜欢嘻笑，名叫鵸鵌，人吃了它的肉就不会做恶梦，还可以辟凶邪之气。

凡西次三山之首，自崇吾之山至于翼望之山，凡二十三山，六千七百四十四里。其神状皆羊身人面。其祠之礼：用一吉玉瘗[1]，糈用稷米[2]。

羊身人面神

【注释】

①吉玉：玉有纹彩者。瘗（yì）：埋。

②糈（xǔ）：祭神用的精米。稷（jì）：粟，谷子，是古代主要的粮食品种。

【译文】

总计《西次三经》所记西方第三列山系

之首尾，从崇吾山起，直到翼望山止，共有二十三座山，绵延六千七百四十四里。这二十三座山山神的形貌都是羊身人面。祭祀山神的典礼是：把祀神的一块吉玉埋入地下，祀神的米用稷米。

西次四山之首，曰阴山，上多榖，无石，其草多茆、蕃[①]。阴水出焉，西流注于洛。

【注释】

①茆（mǎo）、蕃（fǎn）：茆即莼菜，也叫凫葵，一种漂浮植物。蕃，草名。

【译文】

西方第四列山系的第一座叫阴山，山上生长着很多构树，但没有石头，山里的草以莼菜、蕃草为多。阴水就从这座山发源，之后向西流入洛水。

北五十里，曰劳山，多茈草[①]。弱水出焉，而西流注于洛。

【注释】

①茈（zǐ）草：紫草，可以做紫色染料。茈，通“紫”。

【译文】

往北五十里，有座劳山，山上有很多紫草。弱水就从此山发源，之后向西流入洛水。

西五十里，曰罢谷之山，洱水出焉，而西流注于洛，其中多茈、碧。

【译文】

往西五十里，有座罢谷山，洱水就从这座山发源，之后向西流入洛水，洱水出产很多紫色的漂亮石头和青色的玉石。

北百七十里，曰申山，其上多榖柞，其下多杻橿，其阳多金玉。区水出焉[①]，而东流注于河。

【注释】

①区（ōu）水：古水名。

【译文】

往北一百七十里，有座申山，山上到处都是构树和柞树，山下遍布着杻树和橿树，山的南边盛产金属和玉石。区水就从此山发源，之后向东流入黄河。

北二百里，曰鸟山，其上多桑，其下多楮，其阴多铁，其阳多玉。辱水出焉，而东流注于河。

【译文】

往北二百里是鸟山，山上到处是桑树，山下到处是构树，山北面盛产铁，而山南面盛产玉石。辱水从这座山发源，然后向东流入黄河。

又北百二十里，曰上申之山，上无草木，而多硌石[①]，下多榛楛[②]，兽多白鹿[③]。其鸟多当扈[④]，其状如雉[⑤]，以其髯[⑥]飞，食之不眴目[⑦]。汤水出焉，东流注于河。

当扈

【注释】

①硌石：大石头。

②榛：落叶灌木或小乔木。早春先开花后生叶，花黄褐色，雌雄同株，果实叫“榛子”，近球形，果皮坚硬，果仁可吃或榨

油，木材可做器物。楛：木名，形似荆而赤茎似蓍，材质粗劣。榛楛泛指丛生的杂木。

③白鹿：白色的鹿。古时以为祥瑞。

④当扈：传说中的鸟名。

⑤雉：野鸡。雄鸟尾长，羽毛鲜艳美丽。雌的尾短，羽毛黄褐色，体较小。善走而不能久飞。肉可吃，羽毛可做装饰品。

⑥髯：两颊上的长须。

⑦眴目：眨眼。

【译文】

由鸟山再往北一百二十里有座山，名叫上申山。这座山寸草不生，遍地都是大石头，山坡下生长有很多榛树和楛树。在山坡下出没的野兽主要是白鹿。山上生长的鸟类主要是当扈鸟。当扈鸟的形状像野鸡，它能靠自己颈下的须髯飞翔。有眨眼症的人吃了这种鸟的肉可以痊愈。汤水就发源于上申山，流出山涧后便向东流入黄河。

又北百八十里，曰诸次之山，诸次之水出焉，而东流注于河。是山也，多木无草，鸟兽莫居，是多众蛇。

【译文】

由上申山再往北一百八十里有座山，名叫诸次山。诸次水发源于这座山，流出山涧后便向东流入黄河。这座山上有很多树木，但没有草，也没有鸟兽出没，但山上有很多形状各异的蛇。

又北百八十里，曰号山，其木多漆[①]、棕，其草多药[②]、虈芎䓖[③]。多汵石。端水出焉，而东流注于河。

【注释】

①漆：漆树，双子叶植物，落叶乔木。羽状复叶，黄色小花，树皮灰白色，常裂开，里面乳白色的液体即生漆，木材致密，是建筑和家具用材。

②药：白芷的叶，一种香草，多年生草本，根粗大，叶卵圆形至三角形，根称白芷，叶称药，果实椭圆形。

③芎䓖：香草名。生长在四川地区，也称为川芎。多年生草本植物，根状茎黄褐色，花白色根状茎可入药。

【译文】

由诸次山再往北一百八十里有座山，名叫号山。号山上生长的树种主要有漆树、棕树，生长的草主要有白芷、川芎。山上有很多汵石。端水就发源于这座山，流出山涧后便向东汇入黄河。

又北二百二十里，曰盂山，其阴多铁，其阳多铜，其兽多白狼白虎，其鸟多白雉白翠[①]。生水出焉，而东流注于河。

【注释】

①白雉：白色羽毛的野鸡，古时以为瑞鸟。白翠：鸟名，白雉类。

白虎

【译文】

由号山再往北二百二十里有座山，名叫盂山。盂山的北坡蕴藏有丰富的铁，南坡蕴藏有丰富的铜矿。这座山上经常出没白狼和白虎，生长的鸟类主要是白雉和白翠。生水就发源于这座山，流出山涧后便向东流入黄河。

西二百五十里，曰白於之山，上多松柏，下多栎檀，其兽多㸲牛、羬羊，其鸟多鸮。洛水出于其阳，而东流注于渭；夹水出于其阴，东流注于生水。

【译文】

由盂山再往西二百五十里有座山，名叫白於山。这座山的山顶生长的树种主要是松柏，山脚生长的树种主要是栎树和檀树。这座山上生长的动物主要是牸牛、藏羊，生长的鸟类主要是鸮鸟。洛水就发源于这座山的南坡，流出山涧后便向东流入渭河。夹水发源于这座山的北坡，流出山涧后便向东流入生水。

西北三百里，曰申首之山，无草木，冬夏有雪。申水出于其上，潜于其下，是多白玉[①]。

【注释】

①白玉：白色的玉，亦指白璧。

【译文】

由白於山再往西北三百里有座山，名叫申首山。这座山寸草不生，很荒凉，无论冬季还是夏季满山都飘飞着大雪。申水就发源于这座山的山巅，流至山脚后便潜入地下。这座山上有很多白色玉石。

又西五十五里，曰泾谷之山，泾水出焉，东南流注于渭，是多白金白玉。

【译文】

申首山西邻泾谷山，相距五十五里。泾水就发源于这泾谷山，流出山涧后便向东南流入渭河。这座山上有很多白金和白色玉石。

神䰢

又西百二十里，曰刚山，多柒木[①]，多㻬琈之玉。刚水出焉，北流注于渭。是多神䰢[②]，其状人面兽身，一足一手，其音如钦[③]。

【注释】

①柒木：通“漆”，即漆树。

②神䰢：魑魅一类的东西，古谓能害人的山泽之神怪。亦泛指鬼怪。

③钦：通“吟”，呻吟。

【译文】

泾谷山西邻刚山，相距一百二十里。刚山上生长的树种主要是漆树，山上有很多㻬琈玉。刚水就发源于这座山，流出山涧后便向北流入渭河。这座山上有很多神䰠。它身形似兽但却长着一副人的面孔，只有一只手和一只脚，不时发出如人呻吟般的声音。

又西二百里，至刚山之尾，洛水出焉，而北流注于河。其中多蛮蛮[1]，其状鼠身而鳖首，其音如吠犬。

【注释】

①蛮蛮：水獭之类的动物。

【译文】

再向西二百里，就到了刚山的尾端。洛水发源于此，然后向北流入黄河。这里有很多蛮蛮兽，形貌和老鼠相似而长着甲鱼一样的脑袋，叫声好像狗叫。

蛮蛮

又西三百五十里，曰英鞮之山，上多漆木，下多金玉，鸟兽尽白。涴水出焉[1]，而北流注于陵羊之泽。是多冉遗之鱼，鱼身蛇首六足，其目如马耳，食之使人不眯[2]，可以御凶。

冉遗

【注释】

①涴（yuān）：古水名。

②眯：梦魇。

【译文】

再向西三百五十里，是英鞮山，山上生长着茂密的漆树，山下蕴藏着丰富的金、玉矿石，这里的鸟兽都是白色的。涴水从此山发源，然后向北流入陵羊泽。涴水里有很多冉遗鱼，长着鱼的身子、蛇的头，有六只脚，眼睛好像马耳朵，人吃了它的肉就不会做恶梦，也可以防御凶邪之气。

又西三百里，曰中曲之山，其阳多玉，其阴多雄黄、白玉及金。有兽焉，其状如马，而白身黑尾，一角，虎牙爪，音如鼓，其名曰驳[1]，是食虎豹，可以御兵。有木焉，其状如棠，而员叶赤实，实大如木瓜，名曰檲木[2]，食之多力。

驳

【注释】

① 驳（bó）：传说中的怪兽。

② 檲（guī）木：树木名。

【译文】

再向西三百里，是中曲山，山南面盛产玉石，山北面盛产雄黄、白玉和金矿。山上有一种野兽，形和马相似而长着白色的身子和黑色的尾巴，有一只角，还有老虎一样的牙齿和爪子，发出的声音好像击鼓声，名叫驳，是能吃老虎和豹子的，人饲养它可以防御兵灾。山上有一种树木，形状像棠梨，但叶子是圆的，结红色的果实，果实如木瓜大小，名叫檲木，人吃了它的果实就会很有力气。

又西二百六十里，曰邽山[1]，其上有兽焉，其状如牛，猬毛，名曰穷奇[2]，音如嗥狗，是食人。濛水出焉，南流注于洋水，其中多黄贝，蠃鱼，鱼

穷奇

身而鸟翼，音如鸳鸯，见则其邑大水。

蠃鱼

【注释】

①邽（guī）山：山名。

②穷奇：一种怪兽，又名神狗。

【译文】

再向西二百六十里，是邽山。山上有一种野兽，形貌和牛相似，但全身长着刺猬毛，名叫穷奇，发出的声音好像狗叫，是能吃人的。濛水从此山发源，向南流入洋水，水中有很多黄贝；还有一种蠃鱼，长着鱼的身子而有鸟的翅膀，发出的声音好像鸳鸯的鸣叫，它在哪个地方出现，哪个地方就会发生水灾。

又西二百二十里，曰鸟鼠同穴之山，其上多白虎、白玉。渭水出焉，而东流注于河。其中多鳋鱼①，其状如鳣鱼②，动则其邑有大兵。滥水出于其西③，西流注于汉水，多䰽魮之鱼④，其状如覆铫⑤，鸟首而鱼翼鱼尾，音如磬石之声，是生珠玉。

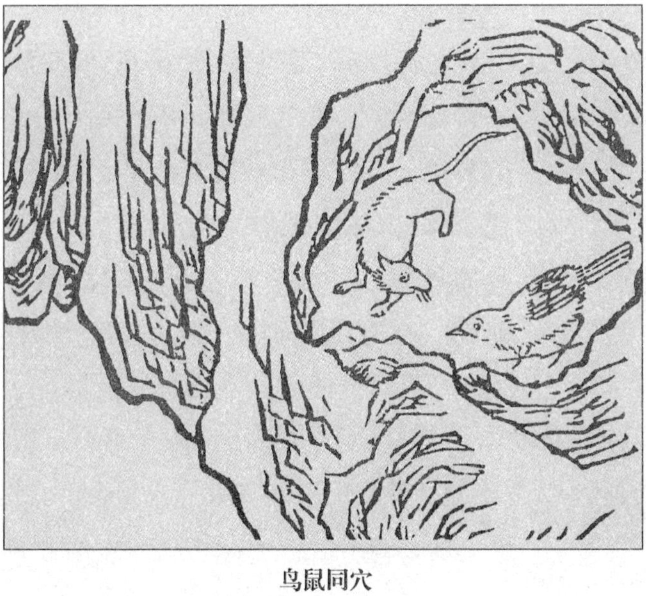

鸟鼠同穴

【注释】

①鳋（sāo）：鱼名。

②鳣（zhān）鱼：鲟鳇鱼，一种身上有甲胄的大鱼。

③滥（jiàn）水：古水名。

④䰽魮（rú pí）：一种能产珍珠的珠母贝。

⑤铫（yáo）：一种小型的烹饪器皿，有柄

鰠鱼　　　　　　　　　　　　　　　　　　　　絮魮鱼

有流嘴。

【译文】

再向西二百二十里，是鸟鼠同穴山，山上有很多白虎、白玉。渭水从此山发源，然后向东流入黄河，渭水中有许多鰠鱼，样子和鳣鱼相似，它在哪个地方出没，哪个地方就会发生大的战争。滥水从鸟鼠同穴山的西面发源，向西流入汉水，滥水中有很多絮魮鱼，形状像倒扣过来的铫，但长着鸟一样的头、鱼一样的鳍和尾巴，叫声好像敲击磬石发出的响声，这种鱼能吐出珠玉。

西南三百六十里，曰崦嵫之山[①]，其上多丹木，其叶如穀，其实大如瓜，赤符而黑理，食之已瘅，可以御火。其阳多龟，其阴多玉。苕水出焉，而西流注于海，其中多砥砺[②]。有兽焉，其状马身而鸟翼，人面蛇尾，是好举人，名曰孰湖。有鸟焉，其状如鸮而人面，蜼身犬尾[③]，其名自号也，见则其邑大旱。

孰湖

【注释】

①崦嵫（yān zī）：山名。在今甘肃

天水西境。

②砥砺：磨刀石。精者为砥，粗者为砺。

③蜼（wèi）：一种长尾猿。

【译文】

向西南三百六十里，是崦嵫山，山上生长着许多丹树，叶子像构树叶，果实大小和瓜差不多，红色的花萼上带着黑色的斑纹，人吃了它可以治愈黄疸病，还可以防御火灾。山南面有很多乌龟，山北面盛产玉石。苕水从此山发源，然后向西流入大海，苕水中有很多磨石。山上有一种野兽，形貌是马一样的身子、鸟一样的翅膀、人一样的面孔、蛇一样的尾巴，喜欢把人举起来，名叫孰湖。山上有一种鸟，样子好像猫头鹰而长着人一样的面孔，蜼一样的身子上长着一条狗尾巴，它的叫声就是自己名字的读音，它在哪个地方出现，哪个地方就会发生大旱灾。

人面鸮

凡西次四山，自阴山以下，至于崦嵫之山，凡十九山，三千六百八十里。其神祠礼，皆用一白鸡祈，糈以稻米，白菅为席。

【译文】

总计西方第四列山系，从阴山开始，直到崦嵫山为止，共有十九座山，绵延三千六百八十里。祭祀这十九座山山神的典礼，都是用一只白色的鸡献祭，祀神的米用稻米，用白茅草做垫席。

右西经之山，凡七十七山，一万七千五百一十七里。

【译文】

以上是西方诸山的记录，总计七十七座山，绵延一万七千五百一十七里。

卷三　北山经

卷三

北山经

【题解】

《北山经》主要记述了三个山系。沿途二万三千多里，有草木的山脉并不多，可以说《北山经》是一片蛮荒之地。《北山经》的记述很平实。较少有神话传奇色彩。尽管也记录了不少奇珍异兽。但是神话资源总体有限。这是《北山经》的一个重要特点。

北山一经中记录了像雁门等这样地名，对于研究《山海经》的成书年代提供了很有力的资料。《北山经》还有一些关于流沙的描述，这说明北方的气候环境曾经有过复杂的变迁。值得一提的是，其中多有得记载某些兽类是可以用来防凶避邪的，比如寓鸟会预报兵情，可以防止兵戈之灾；吃了耳鼠的肉就不会患大肚病，还可以防止百毒感染等。这具有超现实的色彩，反映了先人们追求美好生活的愿望。

北次二经中提到的三桑无枝可以和后文《海外北经》、《大荒北经》相印证，众多的桑树描述展现了当时丰富的桑树资源，这为我国成为世界丝绸发源地提供了有力的文字佐证。桑树在《山海经》中被赋予多种名称，或简洁，或含蓄，或神秘，呈现出桑树斑斓神异的身世风采，这也从另一侧面说明历史和神话是同步发展的。

北山之首，曰单狐之山①。多机木②，其上多华草。逢水③出焉，而西流注于泑水，其中多茈石④、文石⑤。

【注释】

①单狐之山：古山名。《五藏山经传》卷三："单狐之山即三经所云发丸之山，在教山北并中条枝阜，教水出其阳，西南流，沙渠水出其阴，西北会

涑水，亦西南流，并注栎泽。合两水视之，象弹者摄丸之形，故曰发丸。北受栎水象狐首，此水象狐鸣，故曰单狐。单，鸣也。”

②机木：也就是桤（qī）树，类似榆树的一种树木。

③逢（fěng）水：古水名。《五藏山经传》卷三：“涑水诸源自东北来象蜂形，著于狐首之上，故曰逢水。逢者人与蜂遇也。”

④茈石：紫色的石头。

⑤文石：有纹理又丰常漂亮的石头。

【译文】

《北山经》所描述的北部山系的第一组山脉的第一座山叫单狐山。山上生长着茂密的机木。还有茂盛的花草丛。逢水是从这座山流出，然后向西流入泑水，逢水中有很多紫石和文石。

又北二百五十里，曰求如之山①，其上多铜，其下多玉，无草木。滑水出焉，而西流注于诸毗之水。其中多滑鱼，其状如鳝②，赤背，其音如梧⑨，食之已疣④。其中多水马，其状如马，而文臂⑤牛尾，其音如呼⑥。

【注释】

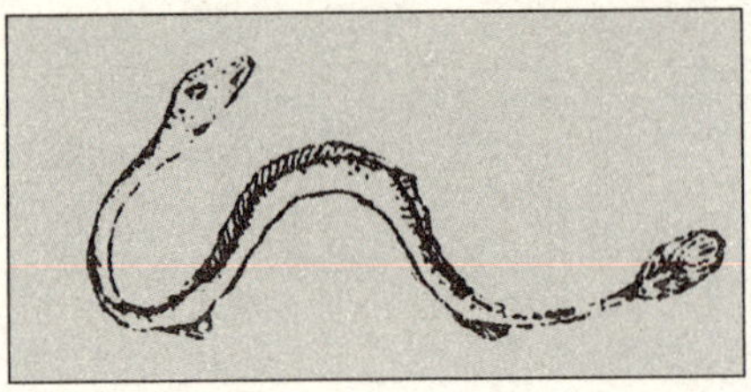

滑鱼

①求如之山：古山名。《五藏山经传》卷三：“浍水自翼城南六源合北流屈而西，东二源西流经翼城南北来会，象枕取者曲其掌，故山曰求如。”

②鳝（shàn）：鳝鱼，俗称黄鳝，形状像蛇。

③梧：郭璞云：“如人相枝梧。”枝梧，也作支吾。

④疣（yóu）：一种皮肤病。症状是皮肤上异常，有的会呈黄褐色，突起一个或多个，表面干燥且粗糙，经常出现在面部和手背。

⑤臂：这里是指前肢。郭璞注：“前脚也。”

⑥呼：郝懿行注：“谓马叱吒也。”

【译文】

从单狐山再往北二百五十里的地方，有座山叫求如山。山上蕴藏着丰富的铜矿，山下有丰富的玉石，山上没有任何花草树木。滑水是从这座山流出，然后向西流入诸毗水。滑水中有很多滑鱼，这种鱼的形状像一般的鳝鱼，但是它的脊背是红色的，它的叫声如人的支吾声，吃了这种鱼肉，就能治好人的赘疣病。滑水中还有一种水马，体形像马，但是前肢长有花纹，有一条牛一样的尾巴，它的发音像人的呼唤声。

臛疏

又北三百里，曰带山，其上多玉，其下多青碧。有兽焉，其状如马，一角有错①，其名曰臛疏②，可以辟火。有鸟焉，其状如乌，五采而赤文，名曰鵸鵌③，是自为牝牡④，食之不疽⑤。彭水出焉，而西流注于芘湖之水，其中多儵鱼⑥，其状如鸡而赤毛，三尾、六足、四目，其音如鹊，食之可以已忧。

【注释】

①错：磨刀石。

②臛（huān）疏：一种兽名。

③鵸鵌（qí tú）：有五彩而赤纹的鸟。

鵸鵌　　**儵鱼**

④牝牡（pìn mǔ）：雌雄。牝，鸟兽的雌性。牡，鸟兽的雄性。

⑤疽（jū）：中医指局部皮肤肿胀坚硬的毒疮。

⑥儵（tiáo）鱼：一种生于淡水的鱼。

【译文】

再向北三百里，是带山，山上盛产玉石，山下盛产青碧玉。山上有一种野兽，形貌和马相似，长着一只角，好像粗硬的磨石，名叫䑏疏，人饲养它可以防御火灾。山上有一种鸟，样子像乌鸦，浑身长满五彩羽毛并有红色斑纹，名叫鵸鵌，这种鵸鵌鸟自身兼具雌雄两性，人吃了它的肉不会患痈疽病。彭水从此山发源，然后向西流入芘湖水，彭水中有很多儵鱼，样子和鸡相似而长着红色的羽毛，还长着三条尾巴、六只脚、四只眼睛，叫声好像喜鹊的鸣叫，人吃了它的肉就会消除忧愁。

又北四百里，曰谯明之山，谯水出焉，西流注于河。其中多何罗之鱼，一首而十身，其音如吠犬，食之已痈[①]。有兽焉，其状如貆而赤毫[②]，其音如榴榴，名曰孟槐，可以御凶。是山也，无草木，多青、雄黄。

何罗鱼

【注释】

①痈（yōng）：毒疮。

②貆（huán）：豪猪。

【译文】

再向北四百里，是谯明山。谯水从此山发源，向西流入黄河。谯水中有很多何罗鱼，长着一个脑袋而有十个身子，叫声好像狗叫，人吃了它的肉可以治好痈疽病。山上有一种野兽，样子像豪猪而长着柔软的红毛，叫声好像“榴榴”，名叫孟槐，人饲养它可以辟凶邪之气。这座山上没有花草树木，但盛产石青、雄黄。

孟槐

又北三百五十里，曰涿光之山，嚻水出焉[1]，而西流注于河。其中多鳛鳛之鱼[2]，其状如鹊而十翼，鳞皆在羽端，其音如鹊，可以御火，食之不瘅[3]。其上多松柏，其下多棕橿，其兽多麢羊[4]，其鸟多蕃。

【注释】

①嚻水：古水名。

②鳛鳛（xí）之鱼：古代传说中的一种怪鱼。

③瘅（dàn）：黄疸病。

④麢（líng）羊：兽名。

【译文】

再向北三百五十里，是涿光山。嚻水从此山发源，然后向西流入黄河。嚻水中有很多鳛鳛鱼，样子像喜鹊而长有十只翅膀，鱼鳞都长在羽毛的尖端，叫声好像喜鹊的鸣叫，人饲养它可以辟火，吃了它的肉可以治愈黄疸病。山上生长着许多松树和柏树，山下生长着许多棕树和橿树，野兽以羚羊居多，鸟类以蕃鸟居多。

鳛鳛鱼

橐驼

又北三百八十里，曰虢山，其上多漆，其下多桐椐[①]。其阳多玉，其阴多铁。伊水出焉，西流注于河。其兽多橐驼[②]，其鸟多寓[③]，状如鼠而鸟翼，其音如羊，可以御兵。

【注释】

①桐：木名，也名荣，古书中多指梧桐科的梧桐，还有大戟科的油桐，玄参科的泡桐。椐：木名，即灵寿木，树小，多肿节，古时常用作手杖。

②橐驼：骆驼。

③寓：寓鸟，即类似蝙蝠的小型飞禽。

【译文】

由涿光山再往北三百八十里有座山，名叫虢山。这座山的坡上生长着漆树，坡下生长着桐树和椐树。这座山的南坡蕴藏有丰富的玉石，北坡蕴藏有丰富的铁矿。伊水就发源于这座山，从山中流出后，便向西流去，流入黄河。这座山上生长的野兽主要是骆驼，生长的鸟类主要是寓鸟。这种鸟，形状像老鼠，但长着鸟的翅膀。这种鸟的叫声像羊叫。人们可以用这种鸟来传递信息，以对付外来之敌。

寓

又北四百里，至于虢山之尾，其上多玉而无石。鱼水出焉，西流注于河，其中多文贝[①]。

【注释】

①文贝：有花纹的贝壳。

【译文】

再往北四百里，到了虢山的尾端。这上面没有一般的石头，倒有很多玉石。鱼水发源于这里，流出这座山后便向西流入黄河。鱼水中有很多带有花纹的贝壳。

又北二百里，曰丹熏之山，其上多樗柏，其草多韭𩐍[①]，多丹雘。熏水出焉，而西流注于棠水。有兽焉，其状如鼠，而菟首麋身，其音如嗥犬，以其尾飞，名曰耳鼠[②]，食之不睬，又可以御百毒。

【注释】

①韭：韭菜。𩐍：同薤，也叫藠头，多年生草本，叶细长中空，花小，紫色，嫩叶和地下鳞茎可食用，也可入药。

②耳鼠：兽名。即鼯鼠。

耳鼠

【译文】

由虢山的尾端再往北二百里有座山，名叫丹熏山。这座山上生长着臭椿和柏树以及山韭和薤菜。山坡上有很多可制作成颜料的赤石风化物——丹雘。熏水就发源于这座山，流出山后便向西流入棠水。这座山上还生长着一种野兽，身形像鼠，但头像兔的头，身形像麋鹿，叫声像狗吠，飞翔靠尾巴的扇动。这种东西名叫耳鼠。人若吃了它的肉可以不生大肚子病，还可以解百毒。

孟极

又北二百八十里，曰石者之山，其上无草木，多瑶碧。泚水出焉，西流注于河。有兽焉，其状如豹，而文题白身[①]，名曰孟极，是善伏，其鸣自呼。

【注释】

①题：额头。

【译文】

再向北二百八十里，是石者山，山上没有花草树木，但盛产瑶、碧之类的美玉。泚水从此山发源，向西流入黄河。山上有一种野兽，形貌和豹子相似，长着花额头和白身子，名叫孟极，善于隐藏，它的叫声就是自身名称的读音。

又北百一十里，曰边春之山，多葱、葵、韭、桃、李。杠水出焉，而西流注于泑泽。有兽焉，其状如禺而文身①，善笑，见人则卧，名曰幽鴳②，其鸣自呼。

【注释】

①禺（yú）：兽名，类似猿猴。

②幽鴳（è）：古代传说中的怪兽名。

幽頞

【译文】

再向北一百一十里，是边春山，山上生长着许多山葱、葵菜、韭菜、山桃树和李树。杠水从此山发源，然后向西流入泑泽。山上有一种野兽，形貌像猿猴，身上长有花纹，喜欢嘻笑，一看见人就假装睡觉，名叫幽鴳，它的叫声就是自身名称的读音。

又北二百里，曰蔓联之山，其上无草木。有兽焉，其状如禺而有鬣①，牛尾、文臂、马蹄，见人则呼，名曰足訾②，其鸣自呼。有鸟焉，群居而朋飞，其毛如雌雉③，名曰䴔④，其鸣自呼，食之已风⑤。

【注释】

①鬣（liè）：动物头、颈上的鬃毛。

②足訾（zī）：兽名。

③雉(zhì):野鸡。

④鵁(jiāo):鸟名。

⑤风:风痹病。

足訾

【译文】

再向北二百里,是蔓联山,山上没有花草树木。山上有一种野兽,形貌和猿猴相似而长有鬣毛,还有牛一样的尾巴、长满花纹的双臂、马一样的蹄子,它看见人就会呼叫,名叫足訾,它的叫声就是自身名称的读音。山上有一种鸟,喜欢群居、群飞,羽毛和雌野鸡相似,名叫鵁。它的叫声就是自身名称的读音,人吃了它的肉可以治好风痹病。

又北百八十里,曰单张之山,其上无草木。有兽焉,其状如豹而长尾,人首而牛耳,一目,名曰诸犍,善咤[①],行则衔其尾,居则蟠其尾。有鸟焉,其状如雉,而文首、白翼、黄足,名曰白鵺,食之已嗌痛[②],可以已痸[③]。栎水出焉,而南流注于杠水。

【注释】

①咤:怒吼声,大声吼叫。

②嗌:咽喉,亦指咽头。

③痸:癫狂病、痴病、痫病。

【译文】

由蔓联山再往北一百八十里有座山,名叫单张山。这座山上寸草不生。

诸犍

白鵺

山上有一种野兽，身形像豹，但尾巴长，头像人头，耳像牛耳，只有一只眼。这种野兽名叫诸犍，善于大声吼叫。它行走的时候总是嘴咬着自己的尾巴，卧伏的时候又总是将尾巴盘卷起来。山上还生长着一种鸟，形状像野鸡，头上有花纹，翅膀上的毛是白色的，脚爪是黄色的。这种鸟名叫白鵺。人若吃了它的肉，可以医治咽喉阻塞病症引起的疼痛，还可以医治痴呆症。栎水就发源于这座山，流出山涧后便向南流入杠水。

又北三百二十里，曰灌题之山，其上多樗柘[1]，其下多流沙[2]，多砥。有兽焉，其状如牛而白尾，其音如訆，名曰那父。有鸟焉，其状如雌雉而人面，见人则跃，名曰竦斯[3]，其鸣自呼也。匠韩之水出焉，而西流注于泑泽，其中多磁石[4]。

竦斯

【注释】

①柘：柘树，也叫黄桑、奴柘，落叶灌木或乔木，树皮灰褐色，有长刺，叶子卵形或椭圆形，花小，果实球形。叶可以喂蚕，木材中心为黄色，质坚而致密，是贵重的木料。

②流沙：堆积在河底、河口的松散、不稳定的沙。

③竦斯：传说中的人面神鸟名。

④磁石：也作“慈石”，俗称吸铁石、磁铁。一种磁铁矿的天然矿石，即天然的吸铁石。

【译文】

由单张山再往北三百二十里有座

那父

山，名叫灌题山。这座山坡上生长着臭椿和柘树，山坡下有很多流沙和磨刀石。山上生长着一种野兽，身形似牛，但尾巴是白色的，吼叫声像人在呼喊似的。这种野兽名叫那父。山上还生长有一种鸟，形状像雌雉，但脸像人面，一见有人就跳跃。这种鸟名叫竦斯。它的鸣叫声就像在呼喊自己的名字。匠韩水就发源于这座山，流出山涧后便流向泑泽。匠韩水中有很多磁石。

又北二百里，曰潘侯之山，其上多松柏，其下多榛楛，其阳多玉，其阴多铁。有兽焉，其状如牛，而四节生毛，或曰旄牛[①]。边水出焉，而南流注于栎泽。

【注释】

①旄牛：牦牛。产于我国西南地区。

【译文】

由灌题山再往北二百里有座山，名叫潘侯山。这座山的山顶生长的树种主要是松树和柏树，山脚生长的树种主要是榛树和楛树。山的南坡有很多的玉石，山的北坡蕴藏有丰富的铁矿。山上有一种野兽，身形似牛，但四脚骨节处长着很长的毛。这种野兽名叫牦牛。边水就发源于这座山，从山涧流出后便向南流入栎泽。

又北二百三十里，曰小咸之山，无草木，冬夏有雪。

【译文】

从潘侯山再往北二百三十里的地方，有座山叫小咸山。山上没有任何花草树木，无论是冬天还是夏天都会大雪纷飞。

北二百八十里，曰大咸之山，无草木，其下多玉。是山也，四方，不可以上。有蛇名曰长蛇，其毛如彘豪[①]，其音如鼓柝[②]。

长蛇

【注释】

①彘（zhì）豪：猪颈部的长毛，猪鬃。

②柝（tuò）：古代巡夜敲击报更的木梆。

【译文】

从小咸山往北二百八十里的地方，有座山叫大咸山。山上光秃，没有花草树木，山下遍布各色美玉。这座山，呈四方形，人不能随便上去。山中长有一种蛇叫长蛇，它身上的毛像猪毛，它的声音像更夫敲击木梆发出的声音。

又北三百二十里，曰敦薨之山，其上多棕枏，其下多茈草。敦薨之水出焉，而西流注于泑泽。出于昆仑之东北隅[①]，实惟河源。其中多赤鲑[②]，其兽多兕、旄牛，其鸟多尸鸠。

赤鲑

【注释】

①隅：山水弯曲边角处。

②赤鲑：红色的鲑鱼，古代传说中的一种有翼发光的飞鱼。

【译文】

大咸山北邻敦薨山，相距三百二十里。敦薨山山坡上生长有很多棕树和楠树，山坡下生长有很多紫色的草。敦薨水就发源于这座山，从山涧流出后便向西流入泑泽。敦薨水发源于昆仑山的东北角，实际上它是黄河的源头。敦薨水里有很多红色的鲑鱼。敦薨山上生长的野兽主要是野犀牛、牦牛，生长的鸟主要是尸鸠鸟。

又北二百里，曰少咸之山[①]。无草木，多青碧，有兽焉，其状如牛，而赤身、人面、马足，名曰窫窳[②]，其音如婴儿，是食人。敦水出焉，东流注于雁门之水[③]，其中多鲌鲌鱼[④]，食之杀人。

【注释】

窫窳

①少咸之山：古山名。《五藏山经传》卷三："少咸，兴安之首，潦水所源，在克什克屯部蒙古之西。潦水即潢水，今名西拉木伦，皆取污潦为义，汉人作辽，非也。"

②窫窳（yà yǔ），古兽名，异常凶猛。

③雁门之水：《五藏山经传》卷三："雁门指谓今山海关。雁门之水即《汉》志之龙鲜水，出关北二百五十里，在喀剌沁中旗南，名老哈河。"

④鯆鯆（bèi）鱼：古代传说中的一种鱼。

【译文】

从敦薨山再往北二百里的地方，有座山叫少咸山。山上光秃，没有花草树木，山中遍布着青绿色的玉石。山中有一种野兽，形状如牛，红色的身体，人的面孔，马的蹄子，它的名字叫窫窳，它的声音像婴儿啼哭，这种野兽是会吃人的。敦水是从这座山流出，向东流入雁门水。敦水中有一种叫鯆鯆的鱼，这种鱼有毒，吃了这种鱼就会被毒死。

又北二百里，曰狱法之山[①]。瀤泽之水[②]出焉，而东北流注于泰泽，其中多鱳鱼[③]，其状如鲤而鸡足，食之已疣。有兽焉，其状如犬而人面，善投，见人则笑，其名曰山狎[④]，其行如风，见则天下大风。

【注释】

①狱法之山：古山名。《五藏山经传》卷三："狱法，今平山也。在平阳府治临汾县西南八里，平水出而东北流至城西五里，潴为平湖。"

②瀤（huái）泽之水：《五藏山经传》卷三："汾水枝津入焉，溢而西南入

鳋鱼　　　　山猈

襄陵县界，分为数渠下流，经城北及城西，东入于汾，即此经滚泽之水，东北注泰泽者也。滚泽以泽名水，即泰泽也。”

③鳋（zǎo）鱼：古代传说中的一种鱼。

④山猈（huī）：古兽名，属猿类。

【译文】

由少成山再往北二百里有座山，名叫狱法山。瀼泽水就源出于这座山，流出山涧后便向东北，一直流入渤海。瀼泽水中有很多鳋鱼。这种鱼形状像鲤鱼，但却长着一对鸡脚。如果吃了这种鱼，便可以医好疣赘。狱法山上生长有一种野兽，身形像狗，但却长着一副人的面孔。这种动物擅长投掷，一见人便笑。它的名字叫山猈，它行走飞快，就像一阵风刮过。这种动物一旦出现，天下便要刮大风了。

又北二百里，曰北岳之山[①]，多枳棘刚木[②]。有兽焉，其状如牛，而四角、人目、彘耳，其名曰诸怀，其音如鸣雁，是食人。诸怀之水出焉，而西流注于嚣水。其中多鮨鱼[③]，鱼身而犬首，其音如婴儿，食之已狂。

诸怀

【注释】

①北岳：古人或以其为恒山，在今山西大同附近。

②枳、棘：都是落叶灌木，小乔木。枳木像橘树，叶子上有刺。棘是酸枣树，枝叶也有刺。

③鮨（yì）鱼：古代传说中一种类似鲵鱼的鱼。

鮨鱼

【译文】

再向北二百里，是北岳山，山上生长着许多枳树、酸枣树和一些木质坚硬的树木。山上有一种野兽，形貌和牛相似，却长着四只角、像人一样的眼睛、像猪一样的耳朵，名叫诸怀，叫声好像大雁鸣叫，是能吃人的。诸怀水从此山发源，然后向西流入嚣水，诸怀水中有很多鮨鱼，长着鱼的身子、狗的脑袋，叫声好像婴儿啼哭，人吃了它的肉可以治愈疯狂病。

又北百八十里，曰浑夕之山，无草木，多铜玉。嚣水出焉，而西北流注于海。有蛇一首两身，名曰肥遗，见则其国大旱。

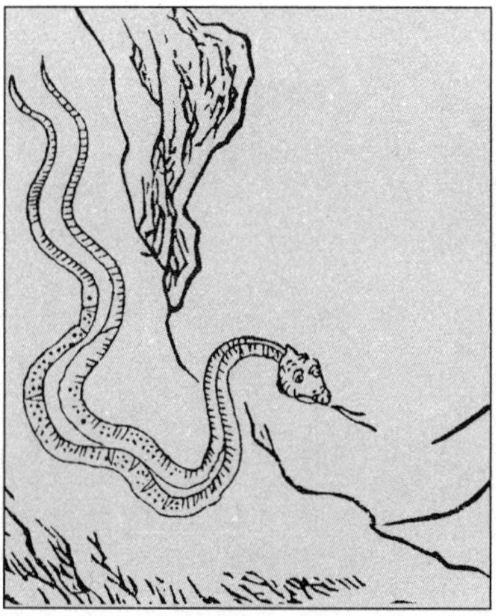

肥遗

【译文】

再向北一百八十里，是浑夕山，山上没有花草树木，但盛产铜矿和玉石。嚣水从此山发源，然后向西北流入大海。这里有一种蛇，长着一个头、两个身子，名叫肥遗，它在哪个国家出现，哪个国家就会发生大旱灾。

又北五十里，曰北单之山，无草木，多葱韭。

【译文】

再往北五十里，有座北单山，山上没有草木，有很多野葱和野韭菜。

又北百里，曰罴差之山，无草木，多马[①]。

【注释】

①马：此处指野马，驯养的马体形要小一些，现在数量已非常稀少。

【译文】

再往北一百里，有座罴差山，山上没有草木，有很多野马。

又北百八十里，曰北鲜之山，是多马。鲜水出焉，而西北流注于涂吾之水。

【译文】

由罴差山再往北一百八十里有座山，名叫北鲜山，有很多野马。鲜水就发源于这座山，流出山涧便向西北流去，一直流入涂吾水。

又北百七十里，曰隄山，多马。有兽焉，其状如豹而文首，名曰狕[①]。隄水出焉，而东流注于泰泽，其中多龙龟[②]。

狕

【注释】

①狕（yǎo）：兽名。

②龙龟：一种龙种龟身的怪兽，也叫吉吊。

【译文】

再往北一百七十里，有座隄山，山上有很多野马。山里有种野兽，形状像豹子，脑袋上有很多花纹，它的名字叫作狕。隄水就从这山发源，之后便向东注入渤海，陡水有很多龙龟。

凡北山之首，自单狐之山至于隄山，凡二十五山，五千四百九十里，其神皆人面蛇身。其祠之：毛用一雄鸡彘瘗[①]，吉玉用一珪，瘗而不糈[②]。其山北人，皆生食不火之物。

【注释】

①彘（zhì）：猪。瘗（yì）：埋。

②糈（xǔ）：祭祀用的精米。

【译文】

北山第一列山系，从单狐山到隄山，总共二十五座山，蜿蜒五千四百九十里。这些山的山神都长着人的面孔和蛇的身子。祭祀这些山神时，用的牲畜是一只公鸡和一头猪，将它们埋在地下，祭祀用的玉器是一块珪，祭祀时不用精米，只将这些牲畜和玉器埋在地下。在这些山北坡居住的人，都只吃生食而不用火烧。

北次二山之首，在河之东，其首枕汾[①]，其名曰管涔之山[②]。其上无木而多草，其下多玉。汾水出焉[③]，而西流注于河。

【注释】

①枕汾：临汾水之上。

②管涔（cén）：山名。

③汾水：今在山西境内。

【译文】

《北次二经》所记述的北方第二列山系的第一座山，位于黄河的东岸，山的首端枕着汾水，这座山叫管涔山。山上没有树木，但有很多草，山下盛产玉石。汾水从此山发源，然后向西流入黄河。

又北二百五十里，曰少阳之山，其上多玉，其下多赤银[①]。酸水出焉，而东流注于汾水，其中多美赭[②]。

【注释】

①赤银：银的一种，可能为浅红色。

②赭（zhě）：一种含着铁质矿物的红土。

【译文】

再向西二百五十里，是少阳山，山上盛产玉石，山下蕴藏着丰富的赤银矿。酸水从此山发源，然后向东流入汾水，酸水中有很多优质的赭石。

又北五十里，曰县雍之山，其上多玉，其下多铜，其兽多闾[①]麋，其鸟多白翟白䳓[②]。晋水出焉，而东南流注于汾水。其中多鮆鱼，其状如儵[③]而赤麟，其音如叱，食之不骚。

闾

【注释】

①闾：山驴，又称为羭，一种黑母羊，形体似驴，角如羚羊。

②白䳓：白䳓鸟，即白雉。

③儵：指小鱼。

【译文】

由少阳山再往北五十里有座山，名叫县雍山。这座山的山顶有很多玉石，山脚蕴藏有很丰富的铜矿。山上生长的野兽主要是山驴和麋鹿，栖息的鸟类主要是白翟和白䳓鸟。晋水就发源于这座山，从山涧流出后便向东南流去，汇入汾水。晋水中有很多鮆鱼，身形像小鱼，有红色的鱼鳞，不时还能发出似斥责人的叫声。人若吃了这种鱼，可以医治好狐臭。

又北二百里，曰狐岐之山，无草木，多青碧。胜水出焉，而东北流注于汾水，其中多苍玉。

【译文】

由县雍山再往北三百里有座山，名叫狐岐山。这座山上寸草不生，有很多青色的玉石。胜水就发源于这座山，流出山涧后便向东北流去，汇入汾水。胜水中有很多黑色的玉石。

又北三百五十里，曰白沙山，广员三百里，尽沙也，无草木鸟兽。鲔水出于其上，潜于其下，是多白玉。

【译文】

由狐岐山再往北二百里有座山，名叫白沙山。这座山方圆三百里，整个山都是由沙堆成的。山上没有鸟兽，也不生长草木。鲔水就发源于这座山的山顶，并潜入沙里，至山下流出地面。鲔水中有很多白色玉石。

又北四百里，曰尔是之山，无草木，无水。

【译文】

由白沙山再往北四百里有座山，名叫尔是山。这座山上没有水源，因此寸草不生，很荒凉。

又北三百八十里，曰狂山，无草木，是山也，冬夏有雪。狂水出焉，而西流注于浮水，其中多美玉。

【译文】

由尔是山再往北三百八十里有座山，名叫狂山。这座山上光秃秃的，不生长草木，一年四季，满山都是雪。狂水就发源于这座山，流出山涧后便向西流去，汇入浮水。狂水中有很多好看的玉石。

又北三百八十里，曰诸余之山，其上多铜玉，其下多松柏。诸余之水出焉，而东流注于旄水。

【译文】

由狂山再往北三百八十里有座山，名叫诸余山。这座山的山顶蕴藏有丰富的铜矿和玉石，山坡下生长有很多的松树和柏树。诸余水就发源于这座山，流出山涧后便向东流去，汇入旄水。

䍊马

又北三百五十里，曰敦头之山，其上多金玉，无草木。旄水出焉，而东流注于邛泽[①]。其中多䍊马[②]，牛尾而白身，一角，其音如呼。

【注释】

①邛（qióng）泽：水名。

②䍊（bó）马：传说中的野兽名，野马的一种。

【译文】

再向北三百五十里，是敦头山，山上蕴藏着丰富的金、玉矿石，但没有花草树木。旄水从此山发源，然后向东流入邛泽。山上有很多䍊马，长着牛一样的尾巴，身子是白色的，只有一只角，叫声好像人在呼唤。

又北三百五十里，曰钩吾之山，其上多玉，其下多铜。有兽焉，其状羊身人面，其目在腋下，虎齿人爪，其音如婴儿，名曰狍鸮[①]，是食人。

【注释】

①狍（páo）鸮：传说中的吃人怪兽。

【译文】

再向北三百五十里，是钩吾山，山上盛产玉石，山下蕴藏着丰富的铜矿。山上有一种野兽，形貌是长着羊的身子、人的面孔，眼睛长在腋下，长着老虎一样的牙齿和人一样的指甲，叫声好像婴儿啼哭，名叫狍鸮，是能吃人的。

狍鸮

又北三百里，曰北嚻之山，无石，其阳多碧，其阴多玉。有兽焉，其状如虎，而白身犬首，马尾彘鬣[①]，名曰独狢[②]。有鸟焉，其状如乌，人面，名曰鹙鹛[③]，宵飞而昼伏，食之已暍[④]。涔水出焉，而东流注于邛泽。

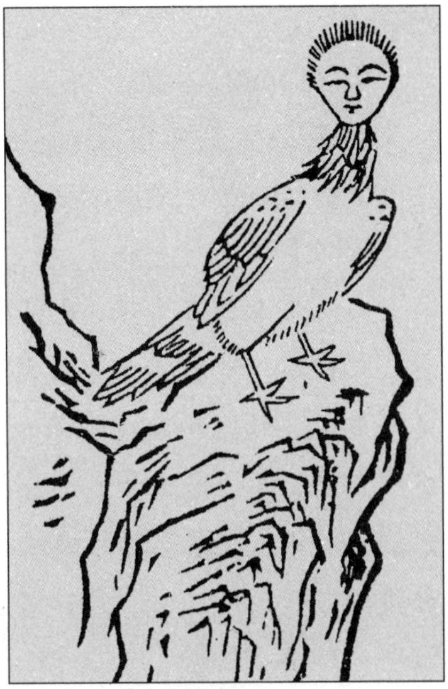

鹙鹛

【注释】

①鬣（liè）：泛指动物头、颈上的毛。

②独狢（yù）：野兽名。

③鹙鹛（pán mào）：一种传说中的鸟。

④暍（yē）：中暑，伤暑。

【译文】

再向北三百里，是北嚻山，山上没有石头，山南面盛产碧玉，山北面盛产玉石。山上有一种野兽，形貌和老虎相似，长着白色的身子、狗一样的脑袋、马一样的尾巴、猪鬣一样的硬毛，名叫独狢。山上有一种鸟，样子像乌鸦而长着人的面孔，名叫鹙鹛，在夜里飞行，白天藏伏，人吃了它的肉就不会中暑。涔水从此山发源，然后向东流入邛泽。

又北三百五十里，曰梁渠之山，无草木，多金玉。脩水出焉，而东流注于雁门。其兽多居暨，其状如彙而赤毛[①]，其音如豚[②]。有鸟焉，其状如夸父[③]，四翼、一目、犬尾，名曰嚣，其音如鹊，食之已腹痛，可以止衕[④]。

居暨

【注释】

①彙（huì）：

刺猬。

②豚（tún）：小猪。

③夸父：一种兽名。

④衕（dòng）：中医指腹泻不止的疾病。

【译文】

再向北三百五十里，是梁渠山，山上没有花草树木，但蕴藏着丰富的金、玉矿石。脩水从此山发源，然后向东流入雁门水。山上的野兽大多是居暨兽，形貌和彙相似而长着红色的毛，它的叫声好像小猪叫。山上有一种鸟，样子像夸父，长着四只翅膀、一只眼睛、狗一样的尾巴，名叫嚣，它的叫声好像喜鹊的鸣叫，人吃了它的肉可以止住肚子痛，还可以治好腹泻。

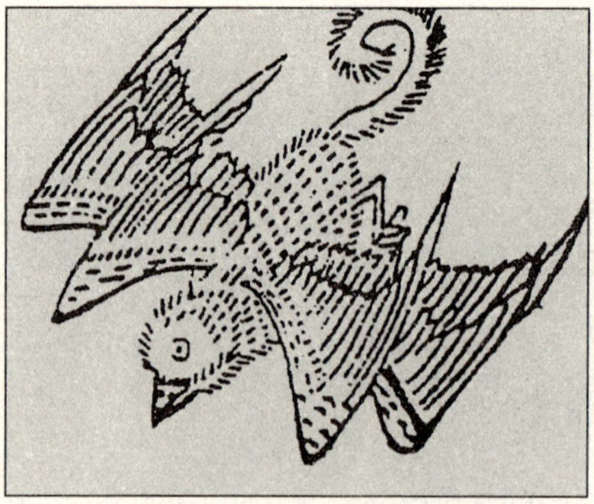

嚣

又北四百里，曰姑灌之山，无草木。是山也，冬夏有雪。

【译文】

再向北四百里，是姑灌山，山上没有花草树木。这座山上冬天夏天都下雪。

又北三百八十里，曰湖灌之山，其阳多玉，其阴多碧，多马。湖灌之水出焉，而东流注于海，其中多䱇[①]。有木焉，其叶如柳而赤理。

【注释】

①䱇（shàn）：鳝鱼。

【译文】

再向北三百八十里，是湖灌山，山南面盛产玉石，山北面盛产碧玉，并有许多野马。湖灌水从此山发源，然后向东流入大海，湖灌水中有很多鳝鱼。山上有一种树，叶子像柳树叶而有红色的纹理。

又北水行五百里，流沙三百里，至于洹山，其上多金玉。三桑[①]生之，其树皆无枝，其高百仞[②]。百果树生之。其下多怪蛇。

【注释】

①三桑：传说中的三株扶桑，扶桑为古神木名，传说日出其下。

②百仞：古代的八尺为一仞。百仞，形容极深或极高。

【译文】

由湖灌山再往北，经五百里水路、三百里流沙，便到了洹山。这座山上蕴藏有丰富的金矿和玉石。山上生长着三桑树。这种树都不长树枝，只有树干，树干有百仞高。百果树也生长在这座山上。山下有很多奇形怪状的蛇。

又北三百里，曰敦题之山，无草木，多金玉。是錞于北海[①]。

【注释】

①錞：通“蹲”。

【译文】

再往北三百里，有座敦题山，山里没有任何草木，却蕴藏着大量的金属和玉石。敦题山就坐落在北海的岸边。

蛇身人面神

凡北次二山之首，自管涔之山至于敦题之山，凡十七山，五千六百九十里。其神皆蛇身人面。其祠：毛用一雄鸡彘瘗；用一璧一珪，投而不糈。

【译文】

北方第二列山系，从管涔山

到敦题山一共有十七座，长达五千六百九十里。诸山山神都有蛇的身子和人的面孔。祭祀诸山的礼仪如下：把一只公鸡和一头猪埋入地下；祭祀的玉器用一块璧和一块珪，一起投入山中，祭祀时不用精米。

䮝

北次三经之首，曰太行之山，其首曰归山[1]，其上有金玉，其下有碧。有兽焉，其状如麢羊而四角，马尾而有距，其名曰䮝[2]，善还[3]，其名自训。有鸟焉，其状如鹊，白身、赤尾、六足，其名曰鷾[4]，是善惊，其鸣自詨[5]。

【注释】

①归山：古山名。《五藏山经传》卷三："归山在蒲州西南中条所起处，本作'岿'，山小而众也。"

②䮝(hún)：古兽名。

③还(xuán)：同旋，盘旋起舞。

④鷾(fěn)：古鸟名。

⑤詨(xiào)：意同"叫"。郭璞曰："今吴人谓呼为詨。"

【译文】

《北次三经》所描述的北部山系的第三组山脉的第一组山叫太行山。这组山的第一座山叫归山，山上蕴藏着丰富的金属矿物和美玉，山下有很多青色的碧玉。山中有一种野兽，形状像普通的羚羊却长有四只角、马一样的尾巴和鸡一样的爪子，它的名字叫䮝，喜欢旋转起舞，它的叫声与它的名字同音。山中有一种鸟，形状像喜鹊，长着白色的羽毛、红色的尾

鷾

巴、六只脚，它的名字叫鵸，这种鸟反应灵敏，十分惊觉，它发出的声音与它的名字同音。

又东北二百里，曰龙侯之山，无草木，多金玉。决决之水出焉，而东流注于河。其中多人鱼，其状如䱱鱼，四足，其音如婴儿，食之无痴疾。

【译文】

由归山再往东北二百里有座山，名叫龙侯山。这座山上光秃秃的，寸草不生，但蕴藏有丰富的金矿和玉石。决决水就发源于这座山，流出山涧便向东流入黄河。决决水中有很多人鱼。这种人鱼有点像䱱鱼，但长着四只脚，不时发出如婴儿啼哭的鸣叫声。吃这种鱼可用来医治痴呆症。

又东北二百里，曰马成之山，其上多文石，其阴多金玉。有兽焉，其状如白犬①而黑头，见人则飞，其名曰天马②，其鸣自訆，有鸟焉，其状如乌，首白而身青、足黄，是名曰鶌鶋。其名自詨，食之不饥，可以已寓③。

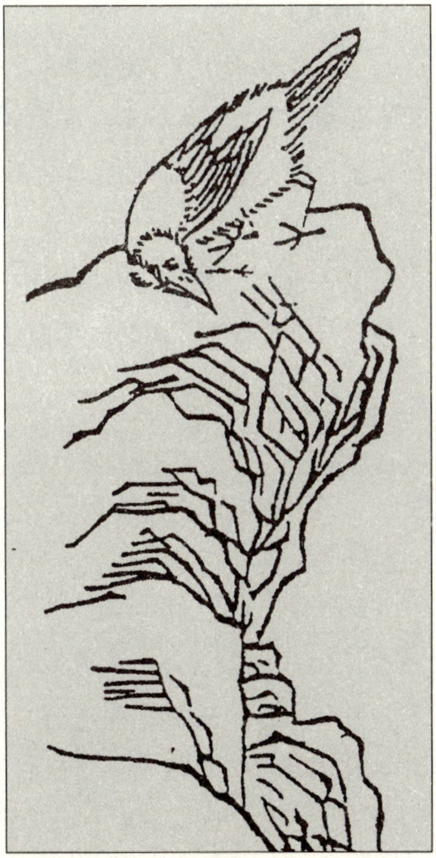

鶌鶋

【注释】

①白犬：白狗。

②天马：传说中兽名，一种神马。

③寓："误"，指失眠昏忘之病，即健忘症或老年痴呆症。

【译文】

由龙侯山再往东北二百里就是马成山。这座山上有很多带花纹的石头，山的北坡蕴藏有丰富的金矿和玉石。这座山上有一种兽，形状像白狗，但头是黑色的，见有人来便展翅飞走。这种兽名叫天马，它的叫声就像是在叫自己的名字。这座山上还有一种鸟，形状像乌鸦，但脑袋是白色的，身上的毛是青色的，爪子是黄色的。这种鸟名叫鶌鶋，它的叫声也像是在呼喊自己的名字。这种鸟的肉可用来充饥，而且还可制药医治失眠健忘症。

又东北七十里，曰咸山，其上有玉，其下多铜，是多松柏，草多茈草。条菅之水出焉，而西南流注于长泽。其中多器酸[①]，三岁一成，食之已疠[②]。

天马

【注释】

①器酸：产于静水中的一种酸味食物。

②疠（lì）：麻风病。

【译文】

再往东北七十里，有座咸山，山上盛产玉石，山下盛产铜。山上遍布着松树和柏树，草以紫草居多。条菅水就从这山发源，之后向西南注入长泽。附近的水里出产大量的器酸，这器酸要三年才能收获一次，吃了它能治麻风病。

又东北二百里，曰天池之山，其上无草木，多文石。有兽焉，其状如兔而鼠首，以其背飞，其名曰飞鼠。渑水出焉[①]，潜于其下，其中多黄垩[②]。

【注释】

①渑（shéng）水：古水名。

②垩（è）：泛指泥土。

【译文】

再向东北二百里，是天池山，山上没有花草树木，有很多有花纹的石头。山上有一种野兽，形貌和兔子相似而长着老鼠一样的头，借助背上的毛飞行，名叫飞鼠。渑水从此山发源，然后潜流到山下，渑水中有很多黄色垩土。

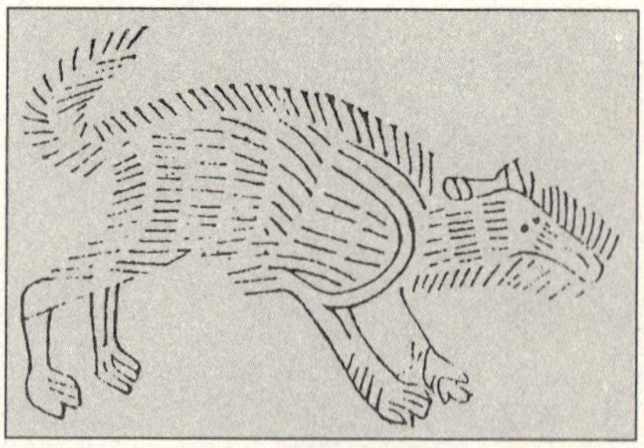

飞鼠

又东三百里，曰阳山，其上多玉，其下多金铜。有兽焉，其状如牛而赤尾，其颈腎[①]，其状如句瞿[②]，其名曰领胡，其鸣自设，食之已狂。有鸟焉，其状如雌雉，而五采以文，是自为牝牡，名曰象蛇，其鸣自詨。留水出焉，而南流注于河。其中有䱵父之鱼[③]，其状如鲋鱼[④]，鱼首而彘身，食之已呕。

象蛇

【注释】

①颈腎（shèn）：脖子多余隆起的肉，似肉瘤。

②句瞿（gōu qú）：斗。

③䱵（xiàn）父：鱼名。

④鲋（fù）鱼：鲫鱼。

【译文】

再向东三百里，是阳山，山上蕴藏着丰富的玉石，山下蕴藏着丰富的金、铜矿。山上有一种野兽，形貌和牛相似而长着红尾巴，脖子上有肉瘤，像斗的形状，名叫领胡，它的叫声就是自身名称的读音，人吃了它的肉可以治愈癫狂症。山上有一种鸟，样子和雌性野鸡相似，而羽毛上有

䱵父之鱼

五彩斑斓的花纹，这种鸟一身兼具雄雌两性，名叫象蛇，它的叫声就是自身名称的读音。留水从此山发源，然后向南流入黄河。留水中有一种䱻父鱼，样子像鲫鱼，长着鱼的头、猪的身子，人吃了它的肉可以治愈呕吐。

领胡

又东三百五十里，曰贲闻之山，其上多苍玉，其下多黄垩，多涅石。

【译文】

再向东三百五十里，是贲闻山，山上盛产苍玉，山下盛产黄色垩土，还有许多涅石。

又北百里，曰王屋之山①，是多石。𣷰水出焉②，而西北流注于泰泽。

【注释】

①王屋：山名，今在山西境内。

②𣷰（lián）水：水名。

【译文】

再向北一百里，是王屋山，山上有很多石头。𣷰水从此山发源，然后向西北流入泰泽。

又东北三百里，曰教山，其上多玉而无石。教水出焉，西流注于河，是水冬干而夏流，实惟干河。其中有两山。是山也，广员三百步，其名曰发丸之山，其上有金玉。

【译文】

再向东北三百里，是教山，山上盛产玉，但没有石头。教水从此山发源，向西流入黄河，这条河冬季干涸而夏季有水流，实际上是条干河。教水的河道中有两座小山，方圆各三百步，名叫发丸山，山上蕴藏着金、玉矿石。

又南三百里，曰景山，南望盐贩之泽，北望少泽，其上多草、藷萸[①]，其草多秦椒[②]，其阴多赭，其阳多玉。有鸟焉，其状如蛇，而四翼、六目、三足，名曰酸与，其鸣自詨，见则其邑有恐。

【注释】

①藷萸（yù）：即薯蓣，俗称“山药”。

②秦椒：一种类似花椒的草本植物。

【译文】

再向南三百里，是景山，在山上向南可以望见盐贩泽，向北可以望见少泽。山上生长着茂密的丛草、薯蓣，这里的草以秦椒居多，山北面盛产赭石，山南面盛产玉石。山里有一种鸟，样子和蛇相似而长有四只翅膀、六只眼睛、三只脚，名叫酸与，它的叫声就是自身名称的读音，它在哪个地方出现，哪个地方就会发生恐怖的事情。

又东南三百二十里，曰孟门之山，其上多苍玉，多金，其下多黄垩，多涅石。

【译文】

再向东南三百二十里，是孟门山，山上盛产苍玉，并蕴藏着丰富的金矿，山下有许多黄色垩土，还有许多涅石。

酸与

又东南三百二十里，曰平山，平水出于其上，潜于其下，是多美玉。

【译文】

再往东南三百二十里，有座平山，平水就从这山的山顶发源，之后潜流到山下，附近的水里出产大量质地优良的玉石。

又东二百里，曰京山，有美玉，多漆木，多竹，其阳有赤铜，其阴有玄䃤[①]。高水出焉，南流注于河。

【注释】

①玄䃤（sù）：玄，黑色的。䃤，砥石，即磨刀石。

【译文】

再往东二百里，有座京山，山里出产漂亮玉石，遍布着漆树，遍山都是竹林，这座山的南边出产黄铜，山的北边出产黑色磨刀石。高水就发源于此山，之后向南注入黄河。

又东二百里，曰虫尾之山，其上多金玉，其下多竹、多青碧。丹水出焉，南流注于河。薄水出焉，而东南流注于黄泽。

【译文】

京山东邻虫尾山，相距二百里。虫尾山上蕴藏有丰富的金矿和玉石，山坡下有很多竹子，还有很多青绿色的玉石。丹水就发源于这座山，流出山涧后便向南流入黄河。薄水也发源于这座山，流出山涧后便向东南流入黄泽。

又东三百里，曰彭𣆀之山，其上无草木，多金玉，其下多水。蚤林之水出焉，东南流注于河。肥水出焉，而南流注于床水，其中多肥遗之蛇。

【译文】

由虫尾山再往东三百里有座山，名叫彭𣆀山。这座山上光秃秃的，寸草不生，蕴藏有丰富的金矿和玉石，山坡下有很多水。蚤林水就发源于这座山，流出山涧后便向东南流去，汇入黄河。肥水也发源于这座山，流出山涧后便向南流入床水。肥水中有很多肥遗蛇。

又东百八十里，曰小侯之山，明漳之水出焉，南流注于黄泽。有鸟焉，其状如乌而白文，名曰鸪鹨[①]，食之不灂[②]。

鸪鹨

【注释】

①鸪鹨（gū xí）：鸟名。

②灂（jiào）：眼睛昏蒙不清。

【译文】

再向东一百八十里，是小侯山。明漳水从此山发源，向南流入黄泽。山上有一种鸟，样子和乌鸦相似而身上有白色斑纹，名叫鸪鹨，人吃了它的肉眼睛不会昏花。

又东三百七十里，曰泰头之山，共水出焉[①]，南注于虖沱[②]。其上多金玉，其下多竹箭。

【注释】

①共（gōng）水：水名。

②虖沱（hū tuó）：水名，今河北西部有滹沱河。

【译文】

再向东三百七十里，是泰头山。共水从此山发源，向南流入虖沱水。山上蕴藏着丰富的金、玉矿石，山下有许多小竹丛。

又东北二百里，曰轩辕之山，其上多铜，其下多竹。有鸟焉，其状如枭而白首，其名曰黄鸟，其鸣自詨，食之不妒。

【译文】

再向东北二百里，是轩辕山。山上蕴藏着丰富的铜矿，山下有许多竹子。山上有一种鸟，样子和猫头鹰相似而长着白色的脑袋，名叫黄鸟，它的叫声就是自身名称的读音，人吃了它的肉就不会生妒嫉心。

又北二百里，曰谒戾之山，其上多松柏，有金玉。沁水出焉，南流注于河。其东有林焉，名曰丹林。丹林之水出焉，南流注于河。婴侯之水出焉，北流注于汜水。

【译文】

再向北二百里，是谒戾山，山上生长着许多松树和柏树，还蕴藏着金、玉矿石。沁水从此山发源，向南流入黄河。谒戾山的东面有一片树林，名叫丹林。丹林水从这里发源，向南流入黄河。婴侯水也从这里发源，向北流入汜水。

东三百里，曰沮洳之山[①]，无草木，有金玉。濝水出焉[②]，南流注于河。

【注释】

①沮洳（rù）之山：传说中的山名。

②濝（qí）：水名，今河南济源有濝水。

【译文】

向东三百里，是沮洳山，山上没有花草树木，但蕴藏有金、玉矿石。濝水从此山发源，向南流入黄河。

又北三百里，曰神囷之山[①]，其上有文石，其下有白蛇，有飞虫[②]。黄水出焉[③]，而东流注于洹[④]。滏水出焉[⑤]，而东流注于欧水。

【注释】

①神囷（qūn）之山：山名。囷，圆形的谷仓。

白蛇

②飞虫：指蚊蚋一类的小飞虫。

③黄水：古水名。

④洹（huán）：古水名。

⑤滏（fǔ）水：水名。在河北西南部。

【译文】

再向北三百里，是神囷山，山上出产带花纹的石头，山下有白蛇，还有飞虫。黄水从此山发源，然后向东流入洹水。滏水也从此山发源，然后向东流入欧水。

又北二百里，曰发鸠之山，其上多柘木[①]。有鸟焉，其状如乌，文首、白喙、赤足，名曰精卫，其鸣自詨。是炎帝之少女，名曰女娃，女娃游于东海，溺而不返，故为精卫，常衔西山之木石，以堙于东海[②]。漳水出焉，东流注于河。

【注释】

①柘（zhè）木：木名，桑树的一种，树叶可以用来养蚕，果实可吃。

②堙（yīn）：堵塞。

【译文】

再向北二百里，是发鸠山，山上生长着许多柘树。山上有一种鸟，样子和乌鸦相似，却长着花脑袋、白嘴巴、红脚爪，名叫精卫，它的叫声就是自身名称的读音。

精卫

精卫鸟原是炎帝的小女儿，名叫女娃。女娃到东海游玩，淹死在东海里没有返回，就变成了精卫鸟，常常衔着西山的树枝和石子，用来填塞东海。漳水从此山发源，向东流入黄河。

又东北百二十里，曰少山[1]，其上有金玉，其下有铜。清漳之水[2]出焉，东流注于浊漳之水。

【注释】

①少山：古山名。《五藏山经传》卷三："少山在今辽州西北横岭镇。"

②清漳之水：《五藏山经传》卷三："清漳水导源东南流合东数水，屈曲至交漳入漳。"

【译文】

从发鸠山再往东北一百二十里的地方，有座山叫少山。山上蕴藏着丰富的金属矿物和玉石，山下有丰富的铜矿。清漳水是从这座山流出，向东流入浊漳水。

又东北二百里，曰锡山，其上多玉，其下有砥。牛首之水出焉，而东流注于滏水。

【译文】

从少山再往东北二百里的地方，有座山叫锡山。山上有很多玉石，山下有许多可以用来磨刀的砥石。牛首水是从这座山流出，然后向东流入滏水。

又北二百里，曰景山，有美玉。景水出焉，东南流注于海泽。

【译文】

从锡山再往北二百里的地方，有座山叫景山，景山上遍地是精美优质的玉石。景水是从这座山流出，向东南流入海泽。

又北百里，曰题首之山，有玉焉，多石，无水。

【译文】

从景山再往北一百里的地方，有座山叫题首山。山上盛产玉石，有很多普通的石头，没有水流。

又北百里，曰绣山，其上有玉、青碧。其木多栒①，其草多芍药、芎䓖②。洧水出焉③，而东流注于河，其中有鳠、黾④。

【注释】

①栒（xún）：树名。

②芎䓖（xiōng qióng）：川芎一类的药材。

③洧（wěi）水：古水名，即今双洎河。

④鳠（hù）：鱼名，类似鲇鱼。黾（měng）：一种小型的蛙类，呈青色。

鳠　　黾

【译文】

从题首山再往北一百里的地方，有座山叫绣山。山上有许多玉石和青绿色的玉石。山上生长的树木主要是栒树，山上的草主要是芍药、芎䓖。洧水是从这座山流出，然后向东流入黄河。洧水中有很多鳠鱼和黾蛙。

又北百二十里，曰松山，阳水出焉，东北流注于河。

【译文】

从绣山再往北一百二十里的地方，有座山叫松山。阳水是从这座山流出，向东北流入黄河。

又北百二十里，曰敦与之山，其上无草木，有金玉。溹水出于其阳[①]，而东流注于泰陆之水；泜水出于其阴[②]，而东流注于彭水。槐水出焉，而东流注于泜泽。

【注释】

①溹（suò）水：水名。今河北临城西南有溹水。

②泜（zhī）水：水名。今名泜河。

【译文】

从松山再往北一百二十里的地方，有座山叫敦与山。山上光秃没有任何花草树木，但蕴藏着丰富的金矿和玉石。溹水是从敦与山的南面流出，然后向东流入泰陆水。泜水是从这座山的北面流出，然后向东流入彭水。槐水也是从这座山流出，然后向东流入泜泽。

又北百七十里，曰柘山，其阳有金玉，其阴有铁。历聚之水出焉，而北流注于洧水。

【译文】

从敦与山再往北一百七十里的地方，有座山叫柘山。山的南面遍布着金属矿物和美玉，山的北面有丰富的铁矿。历聚水是从这座山流出，然后向北流入洧水。

又北三百里，曰维龙之山，其上有碧玉，其阳有金，其阴有铁。肥水出焉，而东流注于皋泽，其中多礨石[①]。敞铁之水出焉，而北流注于大泽。

【注释】

①礨（lěi）石：大石。

【译文】

从栒山再往北三百里的地方，有座山叫维龙山。山上有许多碧绿色的玉石，山的南面有丰富的金矿，山的北面蕴藏着丰富的铁矿。肥水是从这座山流出，然后向东流入皋泽水，肥水中有很多高高耸起的大石头，敞铁水是从这座山流出，然后向北流入大泽。

又北百八十里，曰白马之山，其阳多石玉，其阴多铁，多赤铜。木马之水出焉，而东北流注于虖沱。

【译文】

从维龙山再往北一百八十里的地方，有座山叫白马山。山的南面有很多普通的石头和玉石，山的北面有丰富的铁矿，还有很多赤铜矿。木马水是从这座山流出。然后向东北流入虖沱河。

又北二百里，曰空桑之山，无草木，冬夏有雪。空桑之水出焉，东流注于虖沱。

【译文】

再往北二百里，有座空桑山，山上没有草木，不论冬夏都有积雪。空桑水就从这山发源，之后向东注入虖沱水。

又北三百里，曰泰戏之山，无草木，多金玉。有兽焉，其状如羊，一角一目，目在耳后，其名曰辣辣[①]，其鸣自训。虖沱之水出焉，而东流注于溇水[②]。液女之水出于其阳[③]，南流注于沁水。

【注释】

①辣辣（dōng）：传说中的兽名。

䍶䍶

②溇（lóu）水：水名。

③液女：水名。

【译文】

再往北三百里，有座泰戏山，山里不生长草木，到处遍布着金属和玉石。山里有种野兽，样子像羊，却只有一只角和一只眼睛，它的眼睛长在耳朵的后边，它的名字叫䍶䍶，这野兽的叫声就是它的名字。虖沱水就从这山发源，之后向东注入溇水。液女水就发源于这山的南边，之后向南注入沁水。

又北三百里，曰石山[1]，多藏金玉。濩濩之水[2]出焉，而东流注于虖沱；鲜于之水[3]出焉，而南流注于虖沱。

【注释】

①石山：古山名。《五藏山经传》卷三："山在忻州西南石岭关。"

②濩濩（huò）之水：《五藏山经传》卷三："有水三源，东北流合出石梯口，至定襄县东注于虖沱，即濩濩之水。濩，水泻落也。"

③鲜于之水：《五藏山经传》卷三："山之南有石桥河南流，洛阴、直谷二水自东合而来会，又西南右受烈石泉水而南与西北来之埽谷水会，又东南而南经太原府治入汾，即鲜于之水。鲜于诸水象生鱼旋动纡曲之形也。"直谷，真谷之误。

【译文】

从泰戏山再往北三百里的地方，有座山叫石山，山上蕴藏着丰富的金矿和玉石。濩濩水是从这座山流出，然后向东流入滹沱河；鲜于水也是从这座山流出，然后向南流入虖沱河。

又北二百里，曰童戎之山，皋涂之水出焉，而东流注于溇液水。

【译文】

由石山再往北二百里有座山，名叫童戎山。皋涂水就发源于这座山，流出山涧后便向东流入溇液水。

又北三百里，曰高是之山，滋水出焉，而南流注于虖沱。其木多棕，其草多条。滱水出焉，东流注于河。

【译文】

由童戎山再往北二百里有座山，名叫高是山。滋水发源于这座山，流出山涧后便向南流入滹沱河。高是山上生长着棕树和条草。滱水也发源于这座山，流出山涧后便向东流入黄河。

又北三百里，曰陆山，多美玉。鄵水出焉，而东流注于河。

【译文】

由高是山再往北三百里有座山，名叫陆山。有很多优质的玉石。鄵水就发源于这座山，流出山涧后便向东汇入黄河。

又北二百里，曰沂山，般水出焉，而东流注于河。

【译文】

由陆山再往北二百里有座山，名叫沂山。般水就发源于这座山，流出山涧后便向东流入黄河。

北百二十里，曰燕山，多婴石[①]。燕水出焉，东流注于河。

【注释】

①婴石：传说中燕山所产的美石，似玉。

【译文】

向北一百二十里，是燕山，山上盛产婴石。燕水从此山发源，向东流入黄河。

又北山行五百里，水行五百里，至于饶山。是无草木，多瑶碧，其兽多橐驼[①]，其鸟多鹠[②]。历虢之水出焉，而东流注于河。其中有师鱼[③]，食之杀人。

【注释】

①橐（tuó）驼：骆驼。

②鹠（liú）：鸺鹠，鸟名。

③师鱼：一种鱼名，有毒。

【译文】

再向北走五百里山路，又走五百里水路，就到了饶山。山上没有花草树木，但盛产瑶、碧一类的美玉，山上的野兽以骆驼居多，鸟类以鸺鹠鸟居多。历虢水从此山发源，然后向东流入黄河，水中有师鱼，人吃了它的肉就会中毒而死。

又北四百里，曰乾山[①]，无草木，其阳有金玉，其阴有铁而无水。有兽焉，其状如牛而三足，其名曰獂[②]，其鸣自詨。

獂

【注释】

①乾（gān）山：传说中的山名。

②獂（huán）：传说中的野兽名。

【译文】

再向北四百里，是乾山，山上没有花草树木，山南面出产金、玉矿石，山北面出产铁矿，但没有水流。山上有一种野兽，形貌和牛相似，但长着三只脚，名叫獂，它的叫声就是自身名称的读音。

又北五百里，曰伦山，伦水出焉，而东流注于河。有兽焉，其状如麋，其州在尾上[①]，其名曰罴九[②]。

【注释】

①州：屁股，臀。

②罴（pí）九：古代传说中的兽名。

【译文】

再向北五百里，是伦山。伦水从此山发源，然后向东流入黄河。山上有一种野兽，形貌和麋鹿相似，但肛门长在尾巴上，名叫罴九。

又北五百里，曰碣石之山[①]，绳水出焉，而东流注于河，其中多蒲夷之鱼。其上有玉，其下多青碧。

【注释】

①碣石：山名，今在河北昌黎一带。

【译文】

再向北五百里，是碣石山。绳水从此山发源，然后向东流入黄河，绳水中有很多蒲夷鱼。这座山上出产玉石，山下盛产青碧玉。

又北水行五百里，至于雁门之山，无草木。

【译文】

再向北走五百里水路，就到了雁门山，山上没有花草树木。

又北水行四百里，至于泰泽。其中有山焉，曰帝都之山，广员百里，无草木，有金玉。

【译文】

再向北走四百里水路，就到了泰泽。在泰泽中有一座山，叫帝都山，方圆一百里，山上没有花草树木，但蕴藏着丰富的金、玉矿石。

又北五百里，曰錞于毋逢之山，北望鸡号之山，其风如飚[①]。西望幽都之山，浴水出焉。是有大蛇，赤首白身，其音如牛，见则其邑大旱。

【注释】

①飚（lì）：风急速貌。

【译文】

再向北五百里，是毋逢山，从山上向北可以望见鸡号山，从那里吹出的风很强劲。从錞于毋逢山向西可以望见幽都山。浴水从那里发源。这里有一种大蛇，头是红色的，身子是白色的，叫声好像牛叫，它在哪个地方出现，哪个地方就会发生大旱灾。

马身人面廿神

凡北次三山之首，自太行山以至于毋逢之山，凡四十六山，万二千三百五十里。其神状皆马身人面者廿神。其祠之，皆用一藻茝[①]瘗之。其十四神状皆彘身而载[②]玉。其祠之，皆玉，不瘗。其十神状皆彘身八足蛇尾。其祠之，皆用一璧瘗之。大凡四十四神，皆用稌糈米祠之，此皆不火食。

【注释】

①藻茝（chǎi）：一种香草。生长在水底。郭璞注："藻，聚藻。茝，香草，兰之类。"

②载：通"戴"。

【译文】

纵观《北次三经》这一山系，从太行山到毋逢山，共四十六座山，沿途一万二千三百五十里。其中有二十座山山神都是马的身形，人的面孔。祭祀这二十座山神的礼仪是，把藻和珪之类的香草当作祭品埋入地下。其中还有十四座山山神是猪的身形，佩戴玉制饰品，祭祀这十四座山神的礼仪都是把玉作为祭祀的供品，但不埋入地下。还有十个神灵，样子是猪身，但是长着八只脚，蛇一样的尾巴，在祭祀这十个山神时，都是把一块玉璧作为祭品埋入地下。这四十四个山神，在祭祀时，都用精米来供奉，而且都不用烤成熟食。

右北经之山，凡八十七山，二万三千二百三十里。

【译文】

以上是北方的山系，总共有八十七座，长达二万三千二百三十里。

卷四　东山经

卷四

东山经

【题解】

《东山经》主要介绍了东方四大山系，共四十六座山的方位和物产等情况。

东次一经这一山系从樕螽山起到竹山，一共十二座。这一山系靠近北海。北海也就是现在的渤海，从这些山里流出的水源大多注入了北海。由此我们可以推断该经的记述顺序是从北到南的。

东次二经这一山系从空桑山开始，古代传说中曾有“蚩尤伐空桑”。这一山系之中多有流沙，但是如今的东方版图上并没有流沙，这有可能是因为气候曾发生过剧烈的变化。

东次三经这一山系从尸胡山开始。这一山系的南边向东就可以看见扶桑树，这一区域的物产大多为亚热带作物，而且也有流沙在其间。这意味着我国东部偏南的地区曾经具有独特的气候和物产。在东次三经中，出现一个几乎是航海或者水运的经典案例，“南水行八百里。曰岐山”“南水行五百里，曰诸钩之山”“南水行七百里，日中父之山”“东水行千里，曰胡射之山”“又南水行七百里，曰孟子之山”……凡九山，六千九百里，完全是水行，古人毫不掩饰地展示他们在水运方面的高超技巧。

东次四经这一山系比较短，只有一千七百多里，也从北海开始。南部的水系分别注入皋泽和余如泽，这可以和当今华东地区多湖泊沼泽的地貌相印证。在东次四经记述一种恐怖的野兽，“太山，有兽焉，其状如牛而白首，一目而蛇尾，其名曰蜚。行水则竭。行草则死，见则天下大疫。”这可谓是自然界的公敌了。但是万事万物都有它存在的道理。

东山之首，曰樕螽之山[①]，北临乾昧[②]。食水出焉，而东北流注于海。其中多鳙鳙之鱼[③]，其状如犁牛，其音如彘鸣。

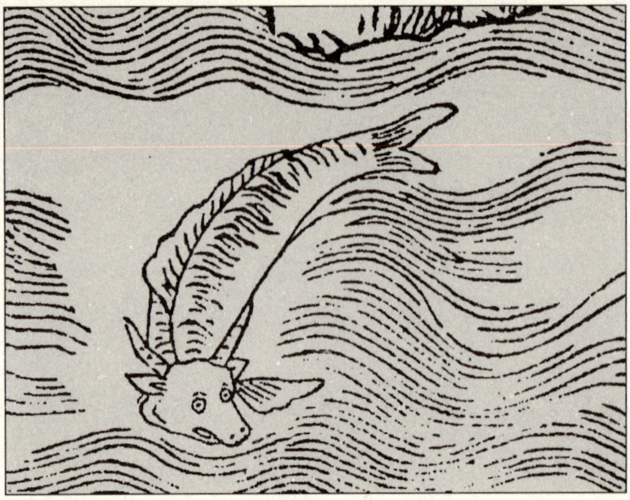

鳙鳙鱼

【注释】

①樕螽（sù zhū）：山名。

②乾昧（gān mèi）：传说中的山名。

③鳙鳙（yōng）：与现在的鳙鱼不同，这里指古代传说中的一种怪鱼。

【译文】

《东山经》所记述的东方第一列山系的第一座山是樕螽山，它北邻乾昧山。食水从此山发源，然后向东北流入大海。食水中有很多鳙鳙鱼，样子像犁牛，叫声好像猪叫。

又南三百里，曰藟山[①]，其上有玉，其下有金。湖水出焉，东流注于食水，其中多活师[②]。

【注释】

①藟（lěi）山：山名。

②活师：蝌蚪，是青蛙、蟾蜍一类两栖动物的幼体。

【译文】

再向南三百里，是藟山，山上出产玉石，山下出产金矿。湖水从此山发源，向东流入食水，湖水中有很多蝌蚪。

又南三百里，曰栒状之山，其上多金玉，其下多青碧石。有兽焉，其状如犬，六足，其名曰从从，其鸣自詨。有鸟焉，其状如鸡而鼠毛，其名曰蚩鼠，见则其邑大旱。沢水出焉。而北流注于湖水。其中多箴[①]鱼，其状如儵，

从从

其喙如箴，食之无疫疾。

【注释】

①箴：同“针”。箴鱼，鱼名，嘴部像针一样。

【译文】

由葛山再往南三百里有座山，名叫栒状山。这座山的山巅有很多金矿石和玉石，山坡下有很多青碧玉石。这座山上有一种兽，身形似狗，但长有六只脚。它名叫从从，它的吼叫声就像是在喊叫自己的名字。这座山上还有一种鸟，身形似鸡，但长有一条老鼠尾巴。它名叫蚩鼠，那里的城邑一旦发现蚩鼠，必将发生严重旱灾。汉水就发源于这座山，从山涧流出后便向北流去，汇入湖水。汉水中有很多箴鱼。这种鱼形似白儵，嘴很尖，似针一样。人吃了这种鱼，可以医治瘟疫。

蚩鼠

又南三百里，曰勃亝[①]之山，无草木，无水。

【注释】

①亝：“齐”的古字。

【译文】

由栒状山再往南三百里有座山，名叫勃亝山。没有水，寸草不生，光秃秃的。

又南三百里，曰番条之山，无草木，多沙。减水出焉，北流注于海，其中多鳡鱼[①]。

【注释】

①鳡鱼：又名黄钻、竿鱼，古代称为鳏鱼。体长大，亚圆筒形，吻尖长，口大。眼小，性凶猛。

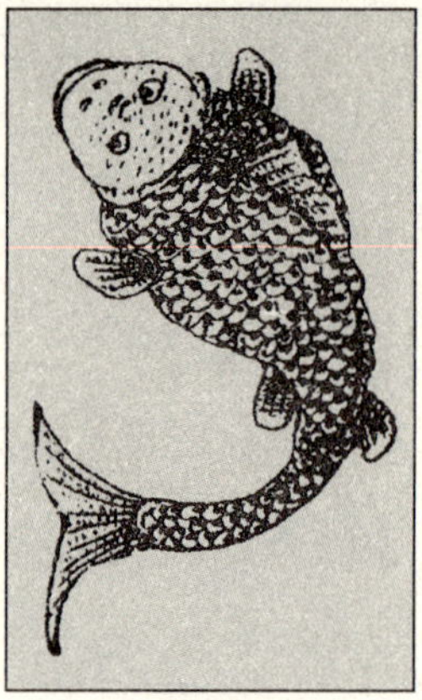

鱤鱼

【译文】

白勃垒山再往南三百里有座山，名叫番条山，光秃秃的，没生长草木，有很多沙。减水就发源于这座山，流出山涧后便向北流去，汇入大海。减水中有很多鱤鱼。

又南四百里，曰姑儿之山，其上多漆，其下多桑柘。姑儿之水出焉，北流注于海，其中多鱤鱼。

【注释】

番条山南邻姑儿山，相距四百里。这座山的山巅生长有很多漆树，山坡下生长有很多桑树和柘树。姑儿水就发源于这座山，流出山涧后便向北流去，汇入大海。姑儿水中有很多鱤鱼。

又南四百里，曰高氏之山，其上多玉，其下多箴石[①]。诸绳之水出焉，东流注于泽，其中多金玉。

【注释】

①箴石：石制的针，古代治病工具，亦指可用以制针的石头。

【译文】

由姑儿山再往南四百里有座山，名叫高氏山。这座山的山巅有很多玉石，山坡下有很多箴石。诸绳水就发源于这座山，流出山涧后便向东流去，汇入大泽。诸绳水底有很多金矿石和玉石。

又南三百里，曰岳山，其上多桑，其下多樗[①]。泺水出焉[②]，东流注于泽，其中多金玉。

【注释】

①樗（chū）：木名，即臭椿树。苦木科，落叶乔木。

②泺（luò）：古水名。源出今山东济南西南，北流入古济水。

【译文】

再向南三百里，是岳山，山上生长着许多桑树，山下生长着许多臭椿树。泺水从此山发源，向东流入湖泽，泺水中盛产金、玉矿石。

又南三百里，曰犲山[①]，其上无草木，其下多水，其中多堪孖之鱼[②]。有兽焉，其状如夸父而彘毛[③]，其音如呼，见则天下大水。

【注释】

①犲（chái）：同"豺"。俗名豺狗，一种类狼的犬科动物。性凶猛，常成群围攻牛、羊等牲畜。

②堪孖（xù）：传说中的怪鱼。

③夸父：传说中的兽名。

【译文】

再向南三百里，是犲山，山上没有花草树木，山下多水流，水中有很多堪孖鱼。山上有一种野兽，形貌像猿猴而身上长着猪毛，叫声好像人呼叫，它一出现天下就会发生水灾。

又南三百里，曰独山，其上多金玉，其下多美石。末涂之水出焉，而东南流注于沔[①]，其中多偹鳙[②]，其状如黄蛇，鱼翼，出入有光，见则其邑大旱。

【注释】

①沔（miǎn）：水名。此沔水非汉水之别称，当另是一水。

②偹鳙（tiáo yóng）：传说中的动物名。

【译文】

再向南三百里，是独山，

偹鳙

山上蕴藏着丰富的金、玉矿石，山下有很多漂亮的石头。末涂水从此山发源，然后向东南流入沔水。末涂水中有很多鯈鳙，样子和黄蛇相似，长着鱼一样的鳍，出入水中时闪闪发光，它在哪个地方出现，哪个地方就会发生大旱灾。

狪狪

又南三百里，曰泰山[①]，其上多玉，其下多金。有兽焉，其状如豚而有珠，名曰狪狪[②]，其鸣自训。环水[③]出焉，东流注于江，其中多水玉。

【注释】

①泰山：郭璞曰："即东岳岱宗也。今在泰山奉高县西北，从山下至顶四十八里三百步也。"泰山，横亘山东中部，从东平湖东岸向东北延伸。至淄博市南和鲁山相接，长约200公里。主峰玉皇顶，在泰安县北面，古称东岳，也称岱山、岱宗，山峰突兀峻拔，雄伟壮丽，有南天门、日观峰、经石峪、黑龙潭等名胜古迹。

②狪狪（tóng）：古兽名。

③环水：《五藏山经传》卷五："环水即汶水，出泰山东天门谷，亦曰弗其山也。江则后世目为牟汶者是也。凡水东西正平曰江。"

【译文】

从独山再往南三百里的地方，有座山叫泰山。山上遍布着晶莹的玉石，山下蕴藏着丰富的金矿。山中有一种野兽，形状像普通的猪但肚子里有珠，它的名字叫狪狪，它的叫声与它的名字的发音相同。环水是从这座山流出，向东流入江水，环水中有很多漂亮的水晶石。

又南三百里，曰竹山[①]，錞于江，无草木，多瑶碧。激水出焉，而东南流注于娶檀之水[②]，其中多茈羸[③]。

【注释】

①竹山：古山名。《五藏山经传》卷四："独山南也。山自英额岭东北环布尔哈图河源南属于江，布哈河三源象竹，其东西小水横列象笋也。"

②娶檀之水：《五藏山经传》卷四："即末余水所合之哈达河。"

③茈羸：紫色的螺丝。

【译文】

从泰山再往南三百里的地方，有座山叫竹山。它雄踞在大江岸边，山上没有花草树木，光秃秃的，却遍布着瑶玉和碧玉。激水是从这座山流出，然后向东南流入娶檀水，激水中有很多紫色的螺丝。

凡东山经之首，自樕螽之山以至于竹山，凡十二山，三千六百里。其神状皆人身龙首。祠：毛用一犬祈，䎶[①]用鱼。

人身龙首神

【注释】

①䎶(èr)：古代杀牲畜取血涂祭品，向神祷告。

【译文】

纵观《东山经》这一山系，从樕螽山到竹山，共十二座山，沿途三千六百里。这些山神都是人身龙首。祭祀这些山神的礼仪是，用一头完整带毛的狗做祭品，祷告时要用鱼。

东次二山之首，曰空桑之山，北临食水，东望沮吴，南望沙陵，西望滑泽[①]。有兽焉，其状如牛而虎文，其音如钦[②]，其名曰軨軨[③]，其鸣自叫，见则天下大水。

軨軨

【注释】

①湣（mǐn）泽：湖泊名。

②钦：通“吟”。

③軨（líng）：传说中的野兽名。

【译文】

《东次二经》所记述的东方第二列山系的第一座山是空桑山，北面临近食水，在山上向东可以望见沮吴，向南可以望见沙陵，向西可以望见湣泽。山上有一种野兽，形貌和牛相似而有老虎一样的斑纹，叫声好像人在呻吟，名叫軨軨，它的叫声就是自身名称的读音，它一出现天下就会发生水灾。

又南六百里，曰曹夕之山，其下多穀而无水①，多鸟兽。

【注释】

①穀：落叶乔木。皮可制桑皮纸。又称构或楮。

【译文】

再向南六百里，是曹夕山，山下生长着许多构树，但没有水流，有许多鸟兽。

又西南四百里，曰峄皋之山①，其上多金玉，其下多白垩。峄皋之水出焉，东流注于激女之水②，其中多蜃珧③。

【注释】

①峄皋（yì gāo）：山脉名。

②激女（rǔ）：水名。

③蜃珧（yáo）：蚌蛤之类。蜃是大蛤蜊，一种软体动物。珧是体形较小的蚌。

【译文】

再向西南四百里，是峄皋山，山上蕴藏着丰富的金、玉矿石，山下盛产白垩土。峄皋水从此山发源，向东流入激女水，峄皋水中有很多蛤蜊和蚌。

又南水行五百里，流沙三百里，至于葛山之尾，无草木，多砥砺。

【译文】

再向南行五百里水路，经过三百里流沙，就到了葛山的尾端，这里没有花草树木，有很多磨石。

又南三百八十里，曰葛山之首，无草木。澧水出焉，东流注于余泽，其中多珠鳖鱼[①]，其状如肺而四目，六足有珠，其味酸甘，食之无疠[②]。

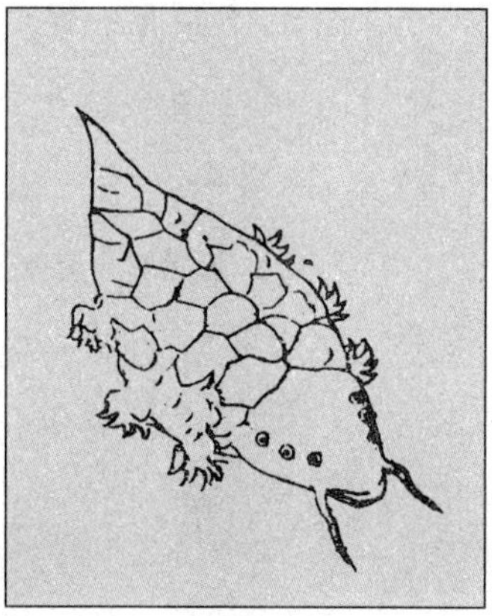
珠鳖鱼

【注释】

①鳖（biē）：同“鳖”。

②疠（lì）：恶疮，麻风。

【译文】

再向南三百八十里，是葛山的首端，这里没有花草树木。澧水从这里发源，向东流入余泽。澧水中有很多珠鳖鱼，形状像带骨的肉脯，有四只眼睛，还有六只脚，能吐珠子，这种鱼的肉味酸甜，人吃了不会生恶疮。

又南三百八十里，曰余峨之山，其上多梓枏[①]，其下多荆芑[②]。杂余之水出焉，东流注于黄水。有兽焉，其状如菟而鸟喙[③]，鸱目蛇尾，见人则眠[④]，名曰犰狳[⑤]，其鸣自訆[⑥]，见则螽蝗为败[⑦]。

【注释】

①枏(nán):同“楠”。

②芑:通“杞”,杞柳。

③菟:通“兔”。喙(huì):鸟嘴。

④眠:这里指假死、装死。

犰狳

⑤犰狳(qiú yú):古代传说中的兽名。犰狳现产于南美等地,为哺乳动物,与文中之兽不同。

⑥训(jiào):大声叫喊。

⑦螽(zhōng)蝗:蝗虫。

【译文】

再向南三百八十里,是余峨山,山上生长着许多梓树和楠木树,山下生长着许多牡荆树和枸杞树。杂余水从此山发源,向东流入黄水。山上有一种野兽,形貌和兔子相似而长着鸟一样的嘴、鸱鹰一样的眼睛、蛇一样的尾巴,一看见人就躺下装死,名叫犰狳,它的叫声就是自身名称的读音,它一出现就会有螽斯蝗虫出现而危害庄稼。

又南三百里,曰杜父之山,无草木,多水。

【译文】

再向南三百里,是杜父山,山上没有花草树木,多水流。

又南三百里,曰耿山,无草木,多水碧[1],多大蛇。有兽焉,其状如狐而鱼翼,其名曰朱獳[2],其鸣自训,见则其国有恐。

【注释】

①水碧：玉的一种，系绿色水晶石。

②朱獳(rú)：传说中的怪兽。

【译文】

再向南三百里，是耿山，山上没有花草树木，但盛产水晶石，还有很多大蛇。山上有一种野兽，形貌和狐狸相似而长着鱼鳍，名叫朱獳，它的叫声就是自身名称的读音，它在哪个国家出现，哪个国家里就会有恐怖的事发生。

朱獳

又南三百里，曰卢其之山，无草木，多沙石。沙水出焉，南流注于涔水[①]。其中多鵹鹕[②]，其状如鸳鸯而人足，其鸣自训，见则其国多土功。

【注释】

①涔(cén)水：水名。

②鵹鹕(lí hú)：传说中的鸟名。

【译文】

再向南三百里，是卢其山，山上没有花草树木，到处是沙子石块。沙水从此山发源，向南流入涔水。沙水中有很多鵹鹕鸟，样子和鸳鸯相似而长着像人一样的脚，它的叫声就是自身名称的读音，它在哪个国家出现，哪个国家里就要加强水土工程。

鵹鹕

又南三百八十里，曰姑射之山，无草木，多水。

【译文】

再向南三百八十里，是姑射山，山上没有花草树木，多水流。

又南水行三百里，流沙百里，曰北姑射之山，无草木，多石。

【译文】

再向南行三百里水路，经过一百里流沙，是北姑射山，山上没有花草树木，到处是石头。

又南三百里，曰南姑射之山，无草木，多水。

【译文】

再向南三百里，是南姑射山，山上没有花草树木，多水流。

又南三百里，曰碧山，无草木，多大蛇，多碧、水玉。

【译文】

再向南三百里，是碧山，山上没有花草树木，有许多大蛇。还盛产碧玉、水晶石。

又南五百里，曰缑氏之山[1]，无草木，多金玉。原水出焉，东流注于沙泽。

【注释】

①缑（gōu）氏：山名。今河南偃师有缑氏山，传说王子乔在此修道成仙。

【译文】

再向南五百里，是缑氏山，山上没有花草树木，但蕴藏着丰富的金、玉矿石。原水从此山发源，向东流入沙泽。

又南三百里，曰姑逢之山，无草木，多金玉。有兽焉，其状如狐而有翼，其音如鸿雁，其名曰獙獙[1]，见则天下大旱。

【注释】

①獙獙（bì）：传说中的怪兽。

【译文】

再向南三百里，是姑逢山，山上没有花草树木，但蕴藏着丰富的金、玉矿石。山上有一种野兽，形貌和狐狸相似而长有翅膀，叫声好像大雁的鸣叫，名叫獙獙，它一出现天下就会发生大旱灾。

獙獙

又南五百里，曰凫丽之山，其上多金玉，其下多箴石[①]。有兽焉，其状如狐，而九尾、九首、虎爪，名曰蛩蛭[②]，其音如婴儿，是食人。

蛩蛭

【注释】

①箴（zhēn）石：石制的针。古代治病之具。亦指可用以制针的石头。

②蛩蛭（lóng zhì）：神话中的兽名。以制针的石头。

【译文】

姑逢山南邻凫丽山，相距五百里。这座山的山巅有很多金矿石和玉石，山坡下有很多可用来制成石针的箴石。凫丽山上有一种野兽，身形似狐，但长有九只尾巴和九个脑袋，爪似虎，这种兽名叫蛩蛭。它的吼叫声像婴儿啼哭，它还是一种吃人兽。

峳峳

又南五百里，曰䃌山，南临䃌水，东望湖泽，有兽焉，其状如马，而羊目、四角、牛尾，其音如嗥狗，其名曰峳峳。见则其国多狡客[1]。有鸟焉，其状如凫而鼠尾，善登木[2]，其名曰絜钩，见则其国多疫[3]。

絜钩

【注释】

①狡客：奸诈、狡诈之人。

②登木：爬树、上树。

③疫：瘟疫。

【译文】

由凫丽山再往南五百里有座山，名叫䃌山。这座山南边濒临䃌水，往东可远眺湖泽。山上有一种野兽，身形似马，但眼睛似羊，角有四只，尾巴似牛，吼声似狗叫。这种野兽名叫峳峳。这种野兽一旦出现在哪里，那个国家就会有奸臣出现。䃌山还有一种鸟，身形似凫，尾巴似鼠，擅长攀缘树木，它名叫絜钩。这种鸟一旦出现在哪里，哪个国家将会发生瘟疫。

凡东次二经之首，自空桑之山至于䃌山，凡十七山，六千六百四十里。其神状皆兽身人面载觡[1]。其祠，毛用一鸡祈，婴用一璧瘗。

【注释】

①载：戴，戴在头上。觡：骨角、兽角。

【译文】

综观东山第二列山系，自空桑山到䃌山，总计十七座山，绵延六千六百四十里。这十七座山的山神，身形都似野兽，但却长着人样的面孔，头上还长着麋鹿似的角。祭祀这些山神时，毛物都是用一只鸡，玉器用一块璧玉，将玉埋在地下。

东次三山之首，曰尸胡之山，北望殚山[①]，其上多金玉，其下多棘。有兽焉，其状如麋而鱼目，名曰妴胡[②]，其鸣自训。

妴胡

【注释】

①殚（xiáng）山：山名。

②妴（wǎn）胡：兽名。

【译文】

东山第三列山系的最北端的山，名叫尸胡山。这座山往北可远眺殚山。尸胡山的山巅有很多金矿石和玉石，山坡下有很多荆棘。尸胡山上有一种野兽，身形似麋鹿，眼似鱼。它名叫妴胡，叫声就像叫喊自己的名字。

又南水行八百里，曰岐山，其木多桃李，其兽多虎。

【译文】

再向南行八百里水路，是岐山，山上的树木以桃树和李树居多，野兽以老虎居多。

又南水行五百里，曰诸钩之山，无草木，多沙石。是山也，广员百里，多寐鱼[①]。

【注释】

①寐鱼：鲀鱼。

【译文】

再向南行五百里水路，是诸钩山，山上没有花草树木，到处是沙子石块。这座山方圆一百里，有很多寐鱼。

又南水行七百里，曰中父之山，无草木，多沙。

【译文】

再向南行七百里水路，是中父山，山上没有花草树木，到处是沙子。

又东水行千里，曰胡射之山，无草木，多沙石。

【译文】

再向东行一千里水路，是胡射山，山上没有花草树木，到处是沙子石块。

又南水行七百里，曰孟子之山，其木多梓桐，多桃李。其草多菌蒲[1]，其兽多麋鹿。是山也，广员百里。其上有水出焉，名曰碧阳，其中多鳣鲔[2]。

【注释】

①菌蒲：菌，一种野菜。蒲，香蒲，一种野菜。

②鳣鲔（wěi）：鲟鱼和鳇鱼的古称。

鳣

【译文】

再向南行七百里水路，是孟子山，山上的树木以梓树和桐树居多，还有许多桃树和李树，山上的草以菌蒲居多，野兽以麋、鹿居多。这座山方圆一百里。有条河水从山上流出，名叫碧阳，水中有很多鳣鱼和鲔鱼。

又南水行五百里，流沙五百里，有山焉，曰跂踵之山，广员二百里，无

草木，有大蛇，其上多玉。有水焉，广员四十里，皆涌，其名曰深泽，其中

蠵龟

多蠵龟[①]。有鱼焉，其状如鲤，而六足鸟尾，名曰鲐鲐之鱼[②]，其鸣自训。

【注释】

①蠵（xī）龟：海中的大龟。

②鲐鲐（gé）：鱼名。

【译文】

再向南行五百里水路，是一片流沙，再前行五百里，有座山叫跂踵山，方圆二百里，没有花草树木，有大蛇，山上盛产玉石。这里有一水潭，方圆四十里都在喷涌泉水，名叫深泽，水中有很多蠵龟。水中还有一种鱼，样子和鲤鱼相似，有六只脚和鸟一样的尾巴，名叫鲐鲐鱼，它的叫声就是自身名称的读音。

鲐鲐鱼

又南水行九百里，曰踇隅之山[①]，其上多草木，多金玉，多赭[②]。有兽焉，其状如牛而马尾，名曰精精，其鸣自叫。

【注释】

①踇隅（mǔ yǔ）：古代传说中的山名。

②赭（zhě）：赭石。由氧化铁或含氧化铁、氧化锰等矿物的黏土构成，一般呈红褐色，也有土

精精

黄色或红色的。可做颜料。

【译文】

再向南行九百里水路，是踇隅山，山上生长着许多花草树木，蕴藏着丰富的金、玉矿石，还有许多赭石。山上有一种野兽，形貌和牛相似而长着马一样的尾巴，名叫精精，它的叫声就是自身名称的读音。

又南水行五百里，流沙三百里，至于无皋之山，南望幼海，东望榑木[①]，无草木，多风。是山也，广员百里。

【注释】

①榑（fú）木：扶桑，传说中的神木。

【译文】

再向南行五百里水路，经过三百里流沙，就到了无皋山，从山上向南可以望见幼海，向东可以望见榑木，这里不生长花草树木，经常刮大风。这座山方圆一百里。

人身羊角神

凡东次三山之首，自尸胡之山至于无皋之山，凡九山，六千九百里。其神状皆人身而羊角。其祠：用一牡羊，糈用黍。是神也，见则风雨水为败。

【译文】

综观东山第三列山系，北自尸胡山，南到无皋山，总计九座山，绵延六千九百里。这九座山的山神，身形都似人，但都长有羊角。祭祀这些山神时，牲畜用一只公羊，精米用黍米。这九座山的山神，一旦什么时候出现，就会有暴风骤雨，就会有水灾毁坏农作物。

东次四山之首，曰北号之山，临于北海。有木焉，其状如杨，赤华，其实如枣而无核，其味酸甘，食之不疟。食水出焉，而东北流注于海。有兽焉，其状如狼，赤首鼠目，其音如豚，名曰猲狚[①]，是食人。有鸟焉，其状如鸡而白首，鼠足而虎爪，其名曰鬿雀[②]，亦食人。

猲狚

【注释】

①猲狚（gé dàn）：古代传说中的野兽。

②鬿（qí）雀：古代传说中的怪鸟，吃人。

鬿雀

【译文】

东部第四列山系最北端的山名叫北号山。这座山濒临北海。山上生长有一种树木，形状似杨树，花是红色的，果实似枣，但果实里没长核，味道酸中带甜，吃了这种果实就可以防治疟疾。食水就发源于北号山，从山涧流出后便向东北流入大海。北号山上有一种野兽，身形似狼，脑袋是红色的，眼睛似鼠，不时发出如小猪一样的叫声。这种野兽名叫獦狚。这是一种吃人兽。北号山上还生长有一种鸟，身形似鸡，脑袋是白色的，脚似鼠，爪子似虎。这种鸟名叫鬿雀。这种鸟也吃人。

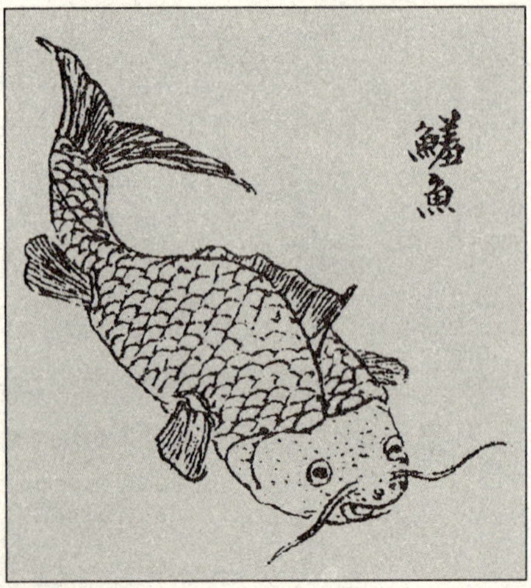

鳝鱼

又南三百里，曰旄山，无草木。苍体之水出焉，而西流注于展水，其中多鳝鱼[①]，其状如鲤而大首，食者不疣。

【注释】

①鳝鱼：鳅鱼、泥鳅。身体像蛇而无鳞，黄褐色，有黑色斑点。生活在水边泥洞里。

【译文】

由北号山再往南三百里有座山，名叫旄山。这座山上连一棵草都没有，光秃秃的。苍体水就发源于这座山，流出山涧后便向西流入展水。苍体水中有很多鳝鱼。这种鱼形似鲤鱼，鱼头较大。人吃了这种鱼就不会长瘊子。

又南三百二十里，曰东始之山，上多苍玉。有木焉，其状如杨[①]而赤理，其汁如血，不实，其名曰芑[②]，可以服马。泚水出焉，而东北流注于海，其中多美贝[③]，多茈鱼[④]，其状如鲋[⑤]，一首而十身，其臭如蘪芜[⑥]，食之不糟。

茈鱼

【注释】

①杨：杨树，落叶乔木，木材供制器物及造纸等用。

②芑：木名，枸杞。

③美贝：好看的贝类。

④茈鱼：神话中的鱼名，身体为紫色。

⑤鲋：鲫鱼。

⑥蘪芜：蘼芜，一种香草，叶有香气。

【译文】

旄山南邻东始山，相距三百二十里。东始山上有很多苍玉。山上生长有一种树木，形状似杨树，纹理是红色的，从树干中流出的汗似血一样。这种树没有果实。树名叫杞，流出的树汁可以用来涂在马身上以使马驯服。泚水就发源于这座山，流出山涧后便向东北流去，汇入大海。泚水中有很多壳纹好看的贝，还有一种紫色的鱼，形似鲋鱼，长有一只脑袋却有十个身子，身上散发出一种香气，人吃了这种鱼可以医好精病。

又东南三百里，曰女烝之山[①]，其上无草木。石膏水出焉，而西注于鬲水[②]，其中多薄鱼，其状如鳣鱼而一目，其音如欧[③]，见则天下大旱。

【注释】

①女烝（zhēng）之山：古山名。《五藏山经传》卷四："山盖在鸭绿江东岸朝鲜张杰城之东，有水西流合东南水而西注江，亦象女子夭侧形而前临鬲水。故曰女烝。"

②鬲（gé）水：古水名。《五藏山经传》卷四："鸭绿自栗子沟以南、佟家自玛察河口以南，两江左右环合，象鬲形也。"

③欧：同"呕"。郭璞曰："如人呕吐声也。"

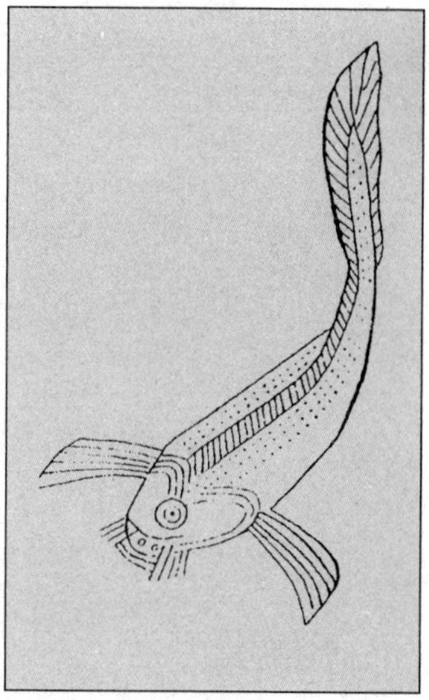

薄鱼

【译文】

从东始山再往东南三百里的地方，有座山叫女烝山。山上没有花草树木，到处光秃秃的。石膏水是从这座山流出，然后向西流入鬲水，石膏水中有很多薄鱼，形状像鳝鱼却只有一只眼睛，发出的声音像人的呕吐声，这种鱼一旦出现，天下就

当康

会发生大旱灾。

又东南二百里，曰钦山，多金玉而无石。师水出焉，而北流注于皋泽，其中多鱃鱼，多文贝。有兽焉，其状如豚而有牙[1]，其名曰当康，其鸣自训，见则天下大穰[2]。

【注释】

①牙：这里指露出唇外的獠牙锯齿。

②穰（ráng）：庄稼丰收。

【译文】

再往东南二百里，有座钦山，这座山里盛产金属和玉石，没有石头。师水就从这座山发源，之后向北注入皋泽。水里有很多鱃鱼和五彩斑斓的贝壳。山里有种野兽，像小猪，长着龇出来的长獠牙，它的名字叫当康，它的叫声就是自己的名字。当康一出现，天下就会有好收成。

又东南二百里，曰子桐之山[1]，子桐之水出焉，而西流注于余如之泽。其中多鮹鱼[2]，其状如鱼而鸟翼，出入有光，其音如鸳鸯，见则天下大旱。

鮹鱼

【注释】

①子桐之山：吕调阳校作“辛桐之山。”《五藏山经传》卷四：“辛梓通。梓桐，琴材也，因钦山为义。山为叆河东源所导，西南会分水岭水而西南而东南入鸭绿江注海，海自口南东曲为大

渚谓之馀如之泽也。”

②鳛(huá)鱼：古代传说中的一种鱼，这种鱼长着翅膀，能飞出水面，还能发光，是一种奇特的发光的飞鱼。

【译文】

再往东南二百里，有座子桐山，子桐水从这山发源，之后向西注入余如泽。附近的水里生长着很多鳛鱼，这鱼看起来和一般的鱼差不多，长着鸟的翅膀，出入水里时都会伴随着亮光。鳛鱼的叫声像鸳鸯，它一出现，天下就会发生大旱灾。

又东北二百里，曰剡山[①]，多金玉。有兽焉，其状如彘而人面，黄身而赤尾，其名曰合窳[②]，其音如婴儿。是兽也，食人，亦食虫蛇，见则天下大水。

合窳

【注释】

①剡(shàn)山：山名。剡，古县名，在今浙江嵊州西南。

②合窳(yǔ)：神话中的兽名。

【译文】

由子桐山再往东北二百里有座山，名叫剡山。这座山上有很多金矿石和玉石。这座山上有一种野兽，身形似猪，但长着一副人样的面孔，全身是黄色的，尾巴是红色的，这种野兽名叫合窳，叫声如婴儿哭声。这是一种吃人兽，也吃虫和蛇。这种野兽一旦出现，天下将有严重水灾危害百姓。

又东二百里，曰太山[①]，上多金玉、桢木[②]。有兽焉，其状如牛而白首，一目而蛇尾，其名曰蜚，行水则竭，行草则死，见则天下大疫。钩水出焉，而北流注于劳水，其中多鳝鱼。

【注释】

①太山:《五藏山经传》卷四:“山为小潦西源。库鲁河所出,北会赫尔苏河、雅哈河,屈西南注潦水,象钩形。”

②桢木:即女桢,一种灌木,四季常青,其籽可以入药。

【译文】

再往东二百里,有座太山,山上盛产金属和玉石,还有大量女桢树。山里有种野兽,样子像牛,脑袋是白色的,只有一只眼睛,尾巴和蛇的一样,它的名字叫蜚,凡是这野兽路过的地方,水会干涸,草木会枯死,它一出现,天下就会发生严重的瘟疫。钩水从这山发源,之后向北注入劳水,水里有很多鱃鱼。

凡东次四山之首,自北号之山至于太山,凡八山,一千七百二十里。

【译文】

总计《东次四经》所记东方第四列山系之首尾,自北号山起,直到太山止,共有八座山,绵延一千七百二十里。

右东经之山,凡四十六山,万八千八百六十里。

【译文】

以上是东方诸山的记录,总计四十六座山,绵延一万八千八百六十里。

卷五　中山经

卷五

中山经

【题解】

《中山经》在《山海经》诸经中篇幅最长，内容最多，也是最为复杂的一部分。主要记录了中土本部的十二列山系，记载的顺序是每座山系从西到东，下一山系由东向西接续。十二列山系从北到南。共一百九十七座山，途经两万一千三百七十一里。

《中山经》记载的名山也很多，如少室山和太室山，就是今天的嵩山。还有荆山，就是卞和发现和氏璧的地方。值得重视的是各列山系的山神特征以及祭祀诸山的礼仪。山神有鸟首、龙首、猪首等，不一而足。这可能是远古氏族部落活动区域的一种遗留，从中可以对远古各文明的活动区域做一番推测。

此外，《中山经》记载了很多动物和植物的药用价值，这一方面体现了中医作为历史悠久的医学体系发源甚早，也表明古人的药学水平因为活动地域的扩大而得到提高。

中山薄山之首，曰甘枣之山，共水出焉，而西流注于河。其上多杻木。其下有草焉，葵本而杏叶①，黄华而荚实②，名曰箨，可以已瞢③。有兽焉，其状如猷鼠而文题，其名曰難，食之已瘿④。

難

【注释】

①杏叶：杏树的叶子。

②荚：豆科植物的长扁形之果实，由一个皮壳构成，

通常在成熟时裂开为两片。

③瞢：眼目不明。

④瘿：生在皮肤、肌肉、筋骨等处的肿块。

【译文】

中央第一列山系是薄山山系，山系的第一座叫甘枣山，共水就从这山发源，之后向西注入黄河。山上有很多杻树。山下有种草，这草的根和葵菜的一样，叶子和杏树的一样，开黄色的花，结带荚的果，名字叫箨，吃了它可以治疗眼花。山里有一种野兽，像䖘鼠，脑袋上有花纹，名字叫䶂，人吃它能治好脖子上长的赘瘤。

又东二十里，曰历儿之山，其上多橿，多枥木[①]，是木也，方茎而员叶，黄华而毛，其实如楝[②]，服之不忘。

【注释】

①枥（lì）木：树名。

②楝（liàn）：也叫苦楝，落叶乔木。木材坚实，可制器具。其根皮、树皮、果实都可以入药，所以下文认为服食可以治疗健忘。

【译文】

再向东二十里，是历儿山，山上生长着许多橿树和枥树。枥树的树干是方形的，叶子是圆形的，开黄色的花，花瓣上有绒毛，果实像楝子，人吃了不会忘事。

又东十五里，曰渠猪之山，其上多竹，渠猪之水出焉，而南流注于河。其中是多豪鱼[①]，状如鲔，而赤喙赤尾赤羽，可以已白癣[②]。

【注释】

①豪鱼：神话传说中的一种鱼。

②白癣：亦称“蛀毛癣”或“白秃”，由皮肤感染真菌引起的一种疾病。

【译文】

豪鱼

由历儿山往东十五里有座山，名叫渠猪山。渠猪山满山是竹子。渠猪水就发源于这座山，流出山涧后往南流入黄河。渠猪水中有很多豪鱼。这种鱼形状似鲔鱼，但嘴巴是红色的，尾巴上还长有红色的羽毛。这种鱼可以用来医治白癣病。

又东三十五里，曰葱聋之山，其中多大谷，是多白垩，黑、青、黄垩。

【译文】

再向东三十五里，是葱聋山，山中有大峡谷，这里有很多白垩土，还有黑垩土、青垩土、黄垩土。

又东十五里，曰涹山[①]，其上多赤铜，其阴多铁。

【注释】

①涹（wō）山：山名。

【译文】

再向东十五里，是涹山，山上蕴藏着丰富的赤铜矿，山北面蕴藏着丰富的铁矿。

又东七十里，曰脱扈之山，有草焉，其状如葵叶而赤华，荚实，实如棕荚，名曰植楮[①]，可以已癙[②]，食之不眯[③]。

【注释】

①植楮（chǔ）：传说中的草名。

②瘟(shǔ):瘘管，人或动物由于外伤、脓肿引起的疾病。

③眯：梦魇，做恶梦。

【译文】

再向东七十里，是脱扈山。山上有一种草，形状像葵菜的叶子，开红色的花，结带荚的果实，果实的荚像棕树的果荚，名叫植楮，可以用来医治外伤脓肿，人吃了不会做恶梦。

又东二十里，曰金星之山，多天婴[①]，其状如龙骨，可以已痤[②]。

【注释】

①天婴：植物名，可入药。

②痤(cuó)：痤疮。

【译文】

再向东二十里，是金星山，山上有很多天婴，形状和龙骨相似，可以用来医治痤疮。

又东七十里，曰泰威之山，其中有谷，曰枭谷，其中多铁。

【译文】

再向东七十里，是泰威山。山中有一道峡谷叫枭谷，谷中蕴藏着丰富的铁矿。

又东十五里，曰橿谷之山，其中多赤铜。

【译文】

再向东十五里，是橿谷山，山上蕴藏着丰富的赤铜矿。

又东百二十里，曰吴林之山，其中多葌草[①]。

【注释】

①葌（jiān）草：茅草。葌，通"菅"。

【译文】

再往东一百二十里，有座吴林山，山里生长着很多兰草。

又北三十里，曰牛首之山，有草焉，名曰鬼草，其叶如葵而赤茎，其秀如禾[①]，服之不忧。劳水出焉，而西流注于潏水[②]。是多飞鱼，其状如鲋鱼[③]，食之已痔衕[④]。

飞鱼

【注释】

①秀：谷类植物的花朵。

②潏（jué）水：水名。今山西临汾有潏水，又名三交水。

③鲋（fù）鱼：鲫鱼。

④痔衕（dòng）：即痔漏，俗称痔疮。

【译文】

再向北三十里，是牛首山。山上有一种草，名叫鬼草，叶子像葵菜，茎干是红色的，开的花像禾苗吐穗时的花，人吃了就会无忧无虑。劳水从此山发源，然后向西流入潏水。劳水中有很多飞鱼，样子和鲫鱼相似，人吃了可以治愈痔疮。

又北四十里，曰霍山，其木多穀[①]。有兽焉，其状如狸，而白尾有鬣[②]，名曰朏朏[③]，养之可以已忧。

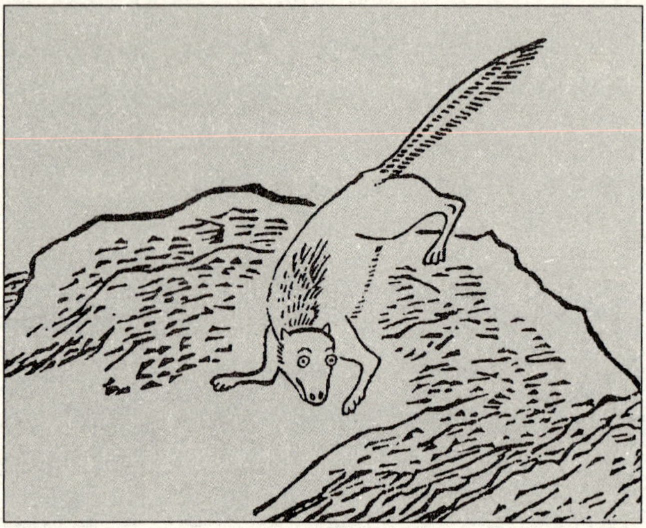

朏朏

【注释】

①榖（gǔ）：构树，一种落叶乔木，绿花红果，树皮可以用来造纸。

②鬣（liè）：动物长在脖子上的长毛。

③朏朏（fěi）：一种怪兽名。

【译文】

牛首山北邻霍山，相距四十里。霍山上生长的树种主要是构树。霍山上有一种野兽，形状似狸，但尾巴是白色的，长有鬃毛。这种野兽名叫朏朏。饲养这种动物可以使人消除忧郁。

又北五十二里，曰合谷之山，是多薝棘[①]。

【注释】

①薝棘：天棘草，即天门冬。

【译文】

再向北约五十二里处，是合谷山，那里遍布着天棘草。

又北三十五里，曰阴山，多砺石、文石。少水出焉，其中多雕棠[①]，其叶如榆[②]叶而方，其实如赤菽[③]，食之已聋。

【注释】

①雕棠：传说中的植物名。

②榆：榆树，落叶乔木，叶卵形，花有短梗，木材可供建筑或制器械、家具等。

③赤菽：赤小豆。菽，豆类的总称。

【译文】

再往北三十五里，有座阴山，这山里盛产磨刀石和色彩斑斓的石头。少水就从阴山发源。山里有很多雕棠树，这树的叶子像榆树叶，是四方形的，结出的果子像红豆，吃了它就能治愈耳聋。

又东北四百里，曰鼓镫之山[①]，多赤铜。有草焉，名曰荣草。其叶如柳，其本如鸡卵，食之已风。

【注释】

①鼓镫之山：古山名。《五藏山经传》卷五："今灵丘县西之团山及鼓子山也。"

【译文】

再往东四百里，有座鼓镫山，山上有丰富的黄铜。山里有种草，名字叫荣草，这草的叶子和柳树的叶子相似，根茎像鸡蛋似的，吃了它能治愈风痹病。

凡薄山之首，自甘枣之山至于鼓镫之山，凡十五山，六千六百七十里。历儿，冢也。其祠礼：毛，太牢之具；县婴以吉玉[①]。其余十三山者，毛用一羊，县婴用藻珪，瘗而不糈[②]。藻珪者，藻玉也，方其下而锐其上，而中穿之加金。

【注释】

①婴：围绕，环绕。

②瘗（yì）而不糈（xǔ）：瘗，掩埋。糈，精米，古代用来祭神。

【译文】

纵观中部山系薄山这一山系，从甘枣山到鼓镫山，共十五座山，沿途六千六百七十里。历儿山实际上是诸山的宗主。祭祀历山山神的礼仪是：用完整的牛羊猪做祭品，还用晶莹的玉石做成的器皿。祭祀其他十三座山的山神，祭祀时用一只完整的羊做祭品，玉器用藻珪，将它们埋在地下，祭祀时不用精米。藻珪就是藻玉，这种玉器，上面是尖的，下面是方的，中间有个孔，加上金片做装饰。

中次二山济山之首，曰辉诸之山，其上多桑，其兽多闾麋[①]，其鸟多鹖[②]。

鹖

【注释】

①闾（lǘ）：古代兽名，一种形状像驴长着羚羊角的动物。

②鹖（hé）：鸟名，即鹖鸡。形体比野鸡稍大，羽毛黄黑色，头有毛角，天性好斗，至死不却。

【译文】

《中次二经》所记述的中央第二列山系济山山系的第一座山，是辉诸山，山上生长着许多桑树，野兽以山驴和麋鹿居多，鸟类以鹖鸟居多。

又西南二百里，曰发视之山，其上多金玉，其下多砥砺。即鱼之水出焉，而西流注于伊水。

【译文】

再向西南二百里，是发视山，山上蕴藏着丰富的金、玉矿石，山下多出产磨刀石。即鱼水从此山发源，然后向西流入伊水。

又西三百里，曰豪山，其上多金玉而无草木。

【译文】

再向西三百里，是豪山，山上蕴藏着丰富的金、玉矿石，没有花草树木。

又西三百里，曰鲜山，多金玉，无草木。鲜水出焉，而北流注于伊水。其中多鸣蛇，其状如蛇而四翼，其音如磬[①]，见则其邑大旱[②]。

【注释】

①磬（qìng）：古代一种石制的打击乐器。

②见：同“现”，出现。

【译文】

再向西三百里，是鲜山，山上蕴藏着丰富的金、玉矿石，没有花草树木。鲜水从此山发源，然后向北流入伊水。鲜水中有很多鸣蛇，形貌和蛇相似而长着四只翅膀，叫声与敲磬的声音相似，它在哪个地方出现，哪个地方就会发生旱灾。

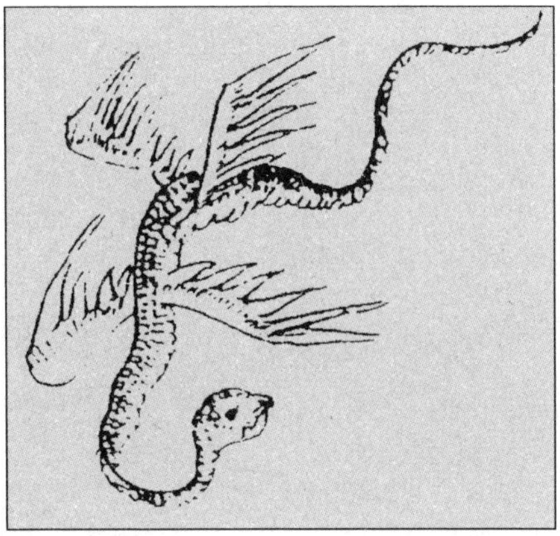

鸣蛇

又西三百里，曰阳山，多石，无草木。阳水出焉，而北流注于伊水。其中多化蛇，其状如人面而豺身，鸟翼而蛇行[①]，其音如叱呼，见则其邑大水。

化蛇

【注释】

①蛇行：像蛇一样蜿蜒前行。

【译文】

再向西三百里，是阳山，山上到处是石头，没有花草树木。阳水从此山发源，然后向北流入伊水。阳水中有很多化蛇，长着人一样的面孔，而身子与豺相似，有鸟一样的翅膀却像蛇一样地爬行，发出的声音好像呵斥声，它在哪个地方出现，哪个地方就会发生水灾。

又西二百里，曰昆吾之山，其上多赤铜。有兽焉，其状如彘而有角，其音如号，名曰蛮蛭[①]，食之不眯[②]。

蛮蛭

【注释】

①蛮蛭（lóng zhì）：神话中的兽名。

②眯：梦魇。

【译文】

再向西二百里，是昆吾山，山上蕴藏着丰富的赤铜矿。山上有一种野兽，形貌和猪相似而长有角，叫声好像人的号哭声，名叫蛮蛭，人吃了它的肉就不会做噩梦。

又西百二十里，曰葌山，葌水出焉，而北流注于伊水，其上多金玉，其下多青、雄黄。有木焉，其状如棠而赤叶，名曰芒草[1]，可以毒鱼。

【注释】

①芒（màng）草：也叫莽草，形状像石楠而叶稀，有毒。产于我国中部、南部和西南部。

【译文】

再向西一百二十里，是葌山。葌水从此山发源，然后向北流入伊水。山上蕴藏着丰富的金、玉矿石，山下盛产石青、雄黄。山上有一种树，形状像棠梨树，叶子是红色的，名叫芒草，能毒死鱼。

马腹

又西一百五十里，曰独苏之山，无草木而多水。

【译文】

再向西一百五十里，是独苏山，山上没有花草树木，到处是水流。

又西二百里，曰蔓渠之山，其上多金玉，其下多竹箭。伊水出焉，而东流注于洛。有兽焉，其名曰马腹，其状如人面虎身，其音如婴儿，是食人。

【译文】

再向西二百里，是蔓渠山，山上蕴藏着丰富的金、玉矿石，山下有很多小竹丛。伊水从此山发源，然后向东流入洛水。山上有一种野兽，名叫马腹，形貌是人的面孔、虎的身子，发出的声音好像婴儿啼哭，是能吃人的。

凡济山之首，自辉诸之山至于蔓渠之山，凡九山，一千六百七十里。其神皆人面而鸟身。祠用毛，用一吉玉，投而不糈。

人面鸟身神

【译文】

总计济山山系之首尾，自辉诸山起，直到蔓渠山止，共有九座山，绵延一千六百七十里。这九座山山神的形貌都是人面鸟身。祭祀山神时要用毛物做祭品，再用一块吉玉，把这些祭品投到山上，不用精米祀神。

中次三山萯山之首，曰敖岸之山，其阳多㻬琈之玉，其阴多赭、黄金。神熏池[1]居之。是常出美玉。北望河林，其状如茜[2]如举。有兽焉，其状如白鹿而四角，名曰夫诸，见则其邑大水。

【注释】

①熏池：传说中的神名。

②茜：茜草，又称红丝线，多年生草本，根鲜红色，细长如丝，根含茜素，可做红色染料，又可入药。举：榉树，落叶乔木，跟榆相近，木材坚实、耐水，可做建筑、造船、制家具等用。

夫诸

【译文】

中央第三列山系叫萯山山系，它的第一座叫敖岸山，这山的南面有大量璓琈玉，北面有丰富的赭石、黄金。一个叫熏池的神住在这里。在这座山中常常会发现美玉。从这山上向北望，可以看到黄河和大片丛林，它们的形状就像茜草和榉柳。山里有种野兽，形状像白鹿，长着四只角，名字叫夫诸，这野兽在哪里出现，那里就会发大水。

又东十里，曰青要之山，实惟帝之密都[①]。是多驾鸟[②]。南望墠渚，禹父[③]之所化。是多仆累、蒲卢[④]。魋武罗司之，其状人面而豹文，小腰而白齿，而穿耳以鐻，其鸣如鸣玉。是山也，宜女子。畛水出焉，而北流注于河。其中有鸟焉，名曰鴢，其状如凫，青身而朱目赤尾，食之宜子。有草焉，其状如葌，而方茎、黄华、赤实，其本如藁本[⑤]，名曰荀草，服之美人色。

【注释】

①密都：传说中天帝静居之地。

②驾鸟：野鹅。

③禹父：指大禹的父亲鲧。

④仆累：即蜗牛。蒲卢：果蠃，一种细腰的蜂。

⑤藁本：香草名。多年生草本。叶呈羽状，夏开白花，果实有锐棱，根紫色，可入药。

魋武罗

【译文】

再往东十里有座青要山，那里是天

帝的密都。有很多野鹅。从青要山向南看，则可以望见墠渚，墠渚是大禹的父亲鲧化为黄熊的地方，这里有很多蜗牛、蒲卢。山神武罗掌管着青要山，这个神有着人的面孔，身上长着豹的斑纹，有细小的腰身和洁白的牙齿，耳朵上挂着金银环，她说话的声音就像玉石彼此撞击的声音。青要山适宜女子居住。畛水就从这里发源，之后北流注入黄河。山里有种鸟，名字叫䳒，形状像野鸭，身体是青色的，长着浅红的眼睛和深红的尾巴，吃它人可以多生孩子。山里生长着一种草，形状像兰草，茎干是四方形的，开黄色的花朵，结红色的果实，根像藁本的根，它的名字叫荀草，吃了它能让人的气色变好。

䳒

飞鱼

又东十里，曰騩山[①]，其上有美枣，其阴有㻬琈之玉。正回之水出焉，而北流注于河。其中多飞鱼，其状如豚而赤文，服之不畏雷，可以御兵。

【注释】

①騩（wēi）山：山名。

【译文】

由青要山再往东十里有座山，名叫騩山。騩山的山巅有很多味道很美的枣树，山的北坡有很多㻬琈玉，正回水就发源于这座山，流出山涧后便由北流入黄河。正回水里有很多飞鱼。这种鱼的形状似小猪，身上还有红色的花纹。人吃了这种鱼不仅不怕雷击，还可以防御兵灾。

又东四十里，曰宜苏之山，其上多金玉，其下多蔓居之木。滽滽[①]之水出焉，而北流注于河，是多黄贝。

【注释】

①潚潚（yōng）之水：古水名。

【译文】

从騩山再往东四十里的地方，有座山叫宜苏山。山上蕴藏着丰富的金属矿物和美玉，山下有繁茂的蔓荆。潚潚水是从这座山流出，然后向北流入黄河。潚潚水中有很多黄色的贝壳。

又东二十里，曰和山，其上无草木而多瑶碧，实惟河之九都[①]。是山也五曲[②]，九水出焉，合而北流注于河，其中多苍玉。吉神泰逢司之，其状如人而虎尾，是好居于萯山之阳，出入有光。泰逢神动天地气[③]也。

泰逢

【注释】

①河之九都：黄河的九条水所潜聚之处。郭璞曰："九水所潜，故曰九都。"

②五曲：曲折回环共有五重。郭璞曰"曲回五重"。

③动天地气：是说泰逢神法力大，能兴云作雨。

【译文】

再往东二十里，有座和山，山上没有任何草木，出产大量瑶、碧一类的美玉。这里是黄河中的九条水源汇聚的地方。这座山有五层盘旋回转，有九条水系从这里发源，之后汇合起来向北流注入黄河，水中出产大量青玉。吉神泰逢主管这座山，他的样子像人，长着老虎的尾巴，喜欢住在萯山南面向阳的地方，出入时都有亮光。泰逢神能兴云吐雾。

凡萯山之首，自敖岸之山至于和山，凡五山，四百四十里。其祠：泰逢、熏池、武罗皆一牡羊副[①]，婴用吉玉。其二神用一雄鸡瘗之。糈用稌。

【注释】

①武罗：古代传说中的神名。副：剖开。

【译文】

萯山山系，自敖岸山起到和山止，一共五座，途经四百四十里。祭祀诸山山神的礼仪是：泰逢、熏池、武罗三位神都是把一只公羊劈开来祭祀，祀神的玉器要用吉玉。其余二位山神是用一只公鸡献祭后埋入地下。祀神的精米用稻米。

中次四经厘山之首，曰鹿蹄之山，其上多玉，其下多金。甘水[①]出焉，而北流注于洛，其中多泠石[②]。

【注释】

①甘水：传说中的水名。亦称甘渊。

②泠石：一种石头，质地柔软如泥。

【译文】

中部第四列山系是厘山山脉。最东端的一座山是鹿蹄山。鹿蹄山的山巅有很多玉石，山坡下有很多金矿石。甘水就发源于鹿蹄山，流出山涧后便向北流入洛河。甘水中有很多泠石。

西五十里，曰扶猪之山，其上多礝石[①]。有兽焉，其状如貉[②]而人目，其名曰麐[③]。虢水[④]出焉，而北流注于洛，其中多瓀[⑤]石。

【注释】

①礝（ruǎn）石：一种稍次于玉的石头。

②貉（hé）：哺乳动物，也叫狸。

③麐（yín）：古代传说中的一种野兽。

④虢水：古水名。

麐

《五藏山经传》卷五："有七谷水南流，合而东逝，经县南与西北来之涓水会，又东会北来之慎望陂水东注于伊，其形似虢。"

⑤瑌（ruǎn）石：就是上文说的礝石。

【译文】

从鹿蹄山往西五十里的地方，有座山叫扶猪山，山上遍布着礝石。山中有一种野兽。形状像貉又长着人的眼睛，叫麐。虢水是从这座山流出，然后向东流入洛水，虢水也有很多礝石。

又西一百二十里，曰厘山，其阳多玉，其阴多蒐[1]。有兽焉，其状如牛。苍身，其音如婴儿，是食人，其名曰犀渠[2]。滽滽之水出焉，而南流注于伊水。有兽焉，名曰獭，其状如獳犬[3]而有鳞，其毛如彘鬣。

【注释】

①蒐：茅蒐，现在称作茜草。

②犀渠：古代传说中的兽名。

③獳犬：发怒的狗。

【译文】

再往西一百二十里，有座厘山，山的南面盛产玉石，山的北面遍布茜草。山里有种野兽，形状像牛，全身都是青黑色，发出的叫声就像婴儿的啼哭，这野兽吃人，它的名字叫犀渠。滽滽水就从这山发源，之后向南注入伊

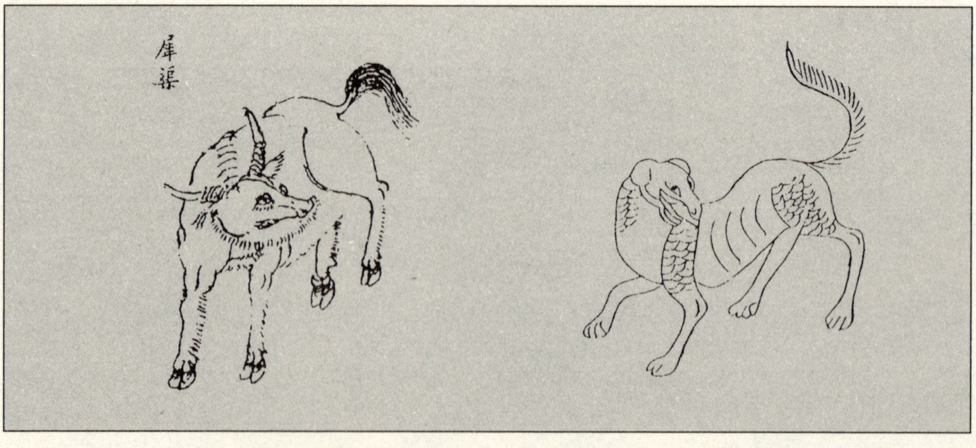

獭　　　　犀渠

水。厘山还有一种野兽，名字叫獭，它的形状像獳犬，全身有鳞甲，它的毛像猪鬃一样。

又西二百里，曰箕尾之山，多榖，多涂石，其上多㻬琈之玉①。

【注释】

①㻬琈（tū fú）之玉：一种美玉。

【译文】

再向西二百里，是箕尾山，山上生长着许多构树，盛产涂石，山上还有许多㻬琈玉。

又西二百五十里，曰柄山，其上多玉，其下多铜。滔雕之水出焉，而北流注于洛。其中多羬羊①。有木焉，其状如樗②，其叶如桐而荚实，其名曰茇③，可以毒鱼。

【注释】

①羬（qián）羊：古代传说中的兽名。

②樗（chū）：木名，即臭椿树。

③茇（bá）：古树名。

【译文】

再向西二百五十里，是柄山，山上盛产玉石，山下蕴藏着丰富的铜矿。滔雕水从此山发源，然后向北流入洛水。山上有许多羬羊。山上有一种树，形状像臭椿树，叶子像梧桐叶，结带荚的果实，名叫茇，能毒死鱼。

又西二百里，曰白边之山，其上多金玉，其下多青、雄黄。

【译文】

再向西二百里，是白边山，山上蕴藏着丰富的金、玉矿石，山下盛产石青、雄黄。

又西二百里，曰熊耳之山[①]，其上多漆，其下多棕。浮濠之水出焉，而西流注于洛，其中多水玉，多人鱼。有草焉，其状如苏而赤华[②]，名曰葶苧[③]，可以毒鱼。

【注释】

①熊耳：山名，在今河南卢氏县南。

②苏：苏草。

③葶苧（tíng nìng）：一种毒草名。

【译文】

再向西二百里，是熊耳山，山上生长着许多漆树，山下生长着许多棕树。浮濠水从此山发源，然后向西流入洛水。浮濠水中有很多水晶石，还有很多人鱼。山上有一种草，形状像苏草而开红花，名叫葶苧，是能毒死鱼的。

又西三百里，曰牡山，其上多文石，其下多竹箭、竹䉋，其兽多㸲牛、羬羊，鸟多赤鷩[①]。

【注释】

①赤鷩：鷩雉，山鸡的一种。也叫锦鸡，似山鸡而小，冠羽优美。

【译文】

由熊耳山再往西三百里有座山，名叫牡山。牡山上有很多嵌有花纹的美石，山坡下有很多竹箭和竹䉋。山上生长的动物主要是㸲牛、羬羊和锦鸡。

又西三百五十里，曰讙举之山，雒水出焉[①]，而东北流注于玄扈之水，其中多马肠之物[②]。此二山者，洛间也。

【注释】

①雒（luò）水：水名，发源于陕西商洛之冢岭山。

②马肠：兽名。

【译文】

再向西三百五十里，是讙举山。雒水从此山发源，然后向东北流入玄扈水。玄扈山中生有很多马肠这样的怪物。讙举山与玄扈山之间夹着一条洛水。

凡厘山之首，自鹿蹄之山至于玄扈之山，凡九山，千六百七十里。其神状皆人面兽身。其祠之：毛用一白鸡，祈而不糈；以采衣之[①]。

兽身人面神

【注释】

①衣（yì）：用作动词，包裹、覆盖。

【译文】

厘山山系，从鹿蹄山起到玄扈山止，一共九座山，行经一千六百七十里。诸山山神长着人的面孔和野兽的身体。祭祀山神的礼仪如下：用一只白色鸡取血献祭，祭祀不用精米，用彩色的帛把那只鸡包起来。

中次五山薄山之首，曰苟林之山，无草木，多怪石。

【译文】

中央第五列山系叫薄山山系，它的第一座山叫苟林山，这山上不长草木，山上有很多奇形怪状的石头。

东三百里，曰首山，其阴多榖柞，其草多茉芫[①]，其阳多㻬琈之玉，木多槐。其阴有谷，曰机谷，多䲃鸟[②]，其状如枭而三目，有耳，其音如录[③]，食之已垫[④]。

䲦鸟

【注释】

①苿（zhú）：山蓟，是一种药材，分为苍术和白术。

②䲦（dài）：鸟名。

③録：是“鹿”的假借。

④垫：中医指一种因居住在低下潮湿的地方引发的疾病。

【译文】

从药林山往东三百里的地方，有座山叫首山。首山北面生长着许多构树和柞树。这里的草以苿、芫最为茂盛；山的南面盛产精美琈玉，树木以槐树最多。山的北面有座峡谷，叫机谷，在机谷中有很多飞鸟，其中以䲦鸟最多，这种鸟形体像猫头鹰，长着三只眼睛，有耳朵，它的声音像鹿叫，吃了这种鸟肉可以医治好风湿病。

又东三百里，曰县劚之山[①]，无草木，多文石。

【注释】

①县劚（zhú）：山名。

【译文】

从首山再往东三百里的地方，有座山叫县劚山，山上光秃荒芜，没有花草树木，到处是绚丽多彩的石头。

又东三百里，曰葱聋之山，无草木，多摩石[①]。

【注释】

①摩（bàng）石：也就是玤石，是品质仅次于玉石一等的石头。

【译文】

从县斸山再往东三百里的地方，有座山叫葱聋山，山上没有花草树木，有很多精美的石头。

东北五百里，曰条谷之山，其木多槐桐，其草多芍药、虋冬[①]。

【注释】

①虋（mén）冬：就是门冬，分为两种，一种是麦门冬，一种是天门冬。

【译文】

从葱聋山往东北五百里的地方，有座山叫条谷山。山上生长着茂密的槐树和桐树。山上的草丛郁郁葱葱，以芍药和虋冬草居多。

又北十里，曰超山，其阴多苍玉，其阳有井，冬有水而夏竭。

【译文】

从条谷山再往北十里的地方，有座山叫超山。超山北面遍地是苍玉，山的南面有一眼水泉，冬季有水夏季干涸。

又东五百里，曰成侯之山，其上多櫄木[①]，其草多艽[②]。

【注释】

①櫄（chūn）木：椿树。

②艽（jiāo）：秦艽，一种药材。

【译文】

从超山再往东五百里的地方，有座山叫成侯山，山上树木葱茏，以櫄树最多。山上草类丛生，秦艽最为茂盛。

又东五百里，曰朝歌之山，谷多美垩。

【译文】

从成侯山再往东五百里的地方，有座山叫朝歌山，山中峡谷纵横，谷中有很多优质垩土。

又东五百里，曰槐山，谷多金锡。

【译文】

从朝歌山再往东五百里的地方，有座山叫槐山，山中峡谷纵横，谷中蕴藏着丰富的金属矿物和锡。

又东十里，曰历山①，其木多槐，其阳多玉。

【注释】

①历山：在山西西南部，传说舜曾在此耕种。

【译文】

从槐山再往东十里的地方，有座山叫历山。这里的树木大多是槐树，山的南面盛产精美玉石。

又东十里，曰尸山，多苍玉，其兽多麖①。尸水出焉，南流注于洛水，其中多美玉。

【注释】

①麖（jīng）：鹿的一种，即水鹿。又名马鹿、黑鹿。体形较大，棕黑色，善于奔跑。

【译文】

从历山再往东十里的地方，有座山叫尸山。山上遍布着晶莹的苍玉，山中有很多野兽，尤其以大鹿为最多。尸水是从这座山流出，向南流入洛水，水中有很多美玉。

又东十里，曰良余之山[①]，其上多穀柞，无石。余水出于其阴，而北流注于河；乳水[②]出于其阳，而东南流注于洛。

【注释】

①良余之山：古山名。《五藏山经传》卷五："山在太华东南，曰黄龙山。东与松果相接，山势东北走至潼关，属于河。"

②乳水：当作"馀水"。《五藏山经传》卷五："馀水，今板庙河，东南入玄扈水。"

【译文】

从尸山再往东十里的地方，有座山叫良余山。山上林木苍翠，构树和柞树生长得尤其茂密，山上没有杂乱的石头。余水是从这座山的北面流出，然后向北流入黄河，乳水是从这座山的南面流出，然后向东南方向流入洛水。

又东南十里，曰蛊尾之山[①]，多砺石、赤铜。龙余之水出焉，而东南流注于洛。

【注释】

①蛊尾之山：《五藏山经传》卷五："谷之飞日蛊，即螽斯淫惑之虫也。其尾向上，苇坪河南入玄扈水似之。"

【译文】

从良余山再往东南十里的地方，有座山叫蛊尾山。山上有许多磨刀石和赤铜矿。龙余水是从这座山流出，然后向东南流入洛水。

又东北二十里，曰升山，其木其多穀柞棘，其草多藷萸、蕙[①]，多寇脱[②]。黄酸之水出焉，而北流注于河，其中多璇玉[③]。

【注释】

①蕙：一种香草，兰属植物。

②寇脱：通脱木的别名，常绿灌木或小乔木。茎的中心有白色纸质的

髓，可制通草花或其他装饰品；中医入药，俗称通草。

③璇玉：亦作“琁玉”，美玉。一说次于玉的美石。

【译文】

由盅尾山再往东北二十里有座山，名叫升山。升山上生长着构树、柞树和荆棘以及山药、蕙草，还有寇脱草。黄酸水就发源于这座山，流出山涧后便向北流入黄河。黄酸水中有很多璇玉。

又东十二里，曰阳虚之山，多金，临于玄扈之水。

【译文】

再向东十二里，是阳虚山，山上蕴藏着丰富的金矿，阳虚山临近玄扈水。

凡薄山之首，自苟林之山至于阳虚之山，凡十六山，二千九百八十二里。升山，冢也，其祠礼：太牢，婴用吉玉。首山，䰠也[①]，其祠用稌、黑牺太牢之具、糵酿[②]；干儛[③]，置鼓；婴用一璧。尸水，合天也，肥牲祠之，用一黑犬于上，用一雌鸡于下，刉一牝羊[④]，献血。婴用吉玉。采之，飨之[⑤]。

【注释】

①䰠（shén）：神。

②糵（niè）酿：就是用糵做酒曲酿造的酒。

③干：盾牌。

④刉（jī）：切割。

⑤飨（xiǎng）：祭祀，献祭。

【译文】

总计薄山山系之首尾，自苟林山起，直到阳虚山止，共有十六座山，绵延两千九百八十二里。升山，是诸山之首，祭祀升山山神的典礼是：毛物用猪、牛、羊齐全的三牲，玉器要用吉玉。首山，是神灵显应的大山，祭祀首山山神用稻米，还有黑色皮毛的猪、牛、羊和美酒；手持盾牌起舞，并摆上鼓敲击应和；祀神的玉器用一块玉璧。尸水，是天神们相逢的地方，要用肥壮的牲畜献祭；用一只黑狗供在上面，用一只母鸡供在下面，杀一只母羊，取血献祭。祀神的玉器用吉玉，并用彩帛包裹，请神享用。

中次六山缟羝山之首，曰平逢之山，南望伊、洛，东望谷城之山[①]，无草木，无水，多沙石。有神焉，其状如人而二首，名曰骄虫，是为螫虫[②]，实惟蜂蜜之庐[③]。其祠之：用一雄鸡，禳而勿杀[④]。

骄虫

【注释】

①谷城：山名，今在山东东阿东。

②螫（shì）虫：泛指身上长有毒刺能螫人的昆虫。

③庐：居住之所。

④禳（ráng）：古代消除灾害的祭祀。

【译文】

《中次六经》所记述的中央第六列山系缟羝山山系的第一座山是平逢山，从平逢山上向南可以望见伊水和洛水，向东可以望见榖城山。这座山上没有花草树木，没有水，到处是沙土石块。山上有一位山神，形貌像人而长着两个头，叫骄虫，是所有螫虫的首领，这里实际上也是各种蜂类聚集做巢的地方。祭祀这位山神时，用一只公鸡做祭品，在祈祷后放掉，不要杀死。

西十里，曰缟羝之山，无草木，多金玉。

【译文】

向西十里，是缟羝山，山上没有花草树木，但蕴藏着丰富的金、玉矿石。

鸰䴈

又西十里，曰瘣山[1]，其阴多㻬琈之玉。其西有谷焉，名曰雚谷[2]，其木多柳楮。其中有鸟焉，状如山鸡而长尾，赤如丹火而青喙，名曰鸰䴈[3]，其鸣自呼，服之不眯。交觞之水出于其阳[4]，而南流注于洛；俞随之水出于其阴，而北流注于穀水。

【注释】

①瘣（guī）山：山名，今名谷口山，在今河南洛阳西。

②雚（guàn）谷：谷名。

③鸰䴈（líng yāo）：鸟名。

④交觞（shāng）：古水名。

【译文】

由缟羝山往西十里就是瘣山。这座山上有很多㻬琈玉。山的西麓有个山谷，名叫雚谷。谷中生长有很多柳树和楮树。瘣山上有一种鸟，形似山鸡，但尾巴很长，周身火红火红的，嘴壳是青色的。这种鸟名叫鸰䴈，它叫起来就像在叫喊自己的名字。吃了这种鸟的肉司以医好梦魇病症。交觞水就发源于这座山的南麓，流出山涧后便向南流入洛河。这座山的北麓则是俞随水的发源地，俞随水流出山涧后便向北流入穀水。

又西三十里，曰瞻诸之山[1]，其阳多金，其阴多文石。谢水出焉，而东南流注于洛，少水出其阴，而北流注于穀水。

【注释】

①瞻诸之山：传说中的山名。

【译文】

由魔山再往西三十里有座山，名叫瞻诸山。山的南麓有很多会矿石，山的北麓有很多颜色艳丽的石头。谢水就发源于这座山，流出山涧后便向东南流入洛河。少水也发源于这座山的北麓，流出山涧后便向东流入榖水。

又西三十里，曰娄涿之山，无草木，多金玉。瞻水出于其阳，而东流注于洛；陂水出于其阴[①]，而北流注于榖水，其中多茈石、文石[②]。

【注释】

①陂（bēi）水：古水名。

②茈（zǐ）石：茈即茈草，暗紫色可做染料。茈石就是一种紫色的石头。

【译文】

再向西三十里，是娄涿山，山上没有花草树木，但蕴藏着丰富的金、玉矿石。瞻水从此山的南麓发源，然后向东流入洛水；陂水从此山的北麓发源，然后向北流入榖水，水中有很多紫色的石头和带花纹的石头。

又西四十里，曰白石之山，惠水出于其阳，而南流注于洛，其中多水玉。涧水出于其阴，西北流注于榖水，其中多麋石、栌丹[①]。

【注释】

①麋石、栌丹：麋，通“眉”。眉石是一种可以用来描眉毛的黑色矿石。栌，通“卢”。卢是黑色，卢丹就是黑色的丹沙，也是一种矿物。

【译文】

再向西四十里，是白石山。惠水从白石山的南麓发源，然后向南流入洛水，惠水中有很多水晶石。涧水从白石山的北麓发源，向西北流入榖水，涧水中有很多画眉石和黑丹沙。

又西五十里，曰榖山，其上多榖，其下多桑。爽水出焉，而西北流注于榖水，其中多碧绿[①]。

【注释】

①碧绿：疑是孔雀石，可以制成绿色染料。

【译文】

再向西五十里，是穀山，山上生长着许多构树，山下生长着许多桑树。爽水从此山发源，然后向西北流入穀水，爽水中有很多孔雀石。

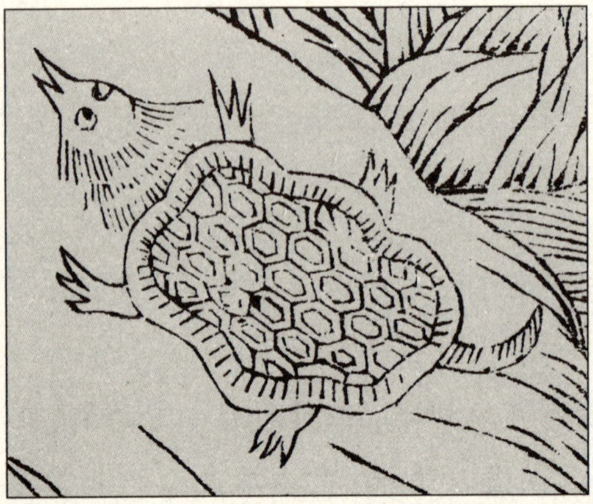

旋龟

又西七十二里，曰密山[①]，其阳多玉，其阴多铁。豪水出焉，而南流注于洛。其中多旋龟，其状鸟首而鳖尾，其音如判木。无草木。

【注释】

①密山：疑在今河南新安。

【译文】

再向西七十二里，是密山，山南面盛产玉石，山北面蕴藏着丰富的铁矿。豪水从此山发源，然后向南流入洛水。豪水中有很多旋龟，长着像鸟一样的头和像鳖一样的尾巴，叫声好像劈木头的声音。密山上没有花草树木。

又西百里，曰长石之山，无草木，多金玉。其西有谷焉，名曰共谷，多竹。共水出焉，西南流注于洛，其中多鸣石。

【译文】

再向西一百里，是长石山，山上没有花草树木，但蕴藏着丰富的金、玉矿石。长石山的西面有一道峡谷，叫共谷，谷里生长着许多竹子。共水从此山发源，向西南流入洛水，水中盛产鸣石。

又西一百四十里，曰傅山，无草木，多瑶碧。厌染之水出于其阳，而南流注于洛，其中多人鱼。其西有林焉，名曰墦冢[①]。穀水出焉，而东流注于洛，其中多珚玉[2]。

【注释】

①播（fán）冢：树林的名字。播，美玉。冢，坟墓。

②珚（yān）玉：一种美玉。

【译文】

再向西一百四十里，是傅山，山上没有花草树木，有很多瑶、碧之类的美玉。厌染水从此山的南麓发源，然后向南流入洛水，厌染水中有很多人鱼。傅山的西边有一片树林，叫播冢。榖水从这里发源，然后向东南流入洛水，榖水中盛产珚玉。

又西五十里，曰橐山[1]，其木多樗[2]，多楠木[3]，其阳多金玉，其阴多铁，多萧[4]。橐水出焉，而北流注于河。其中多脩辟之鱼，状如黾而白喙[5]，其音如鸱[6]，食之已白癣。

脩辟鱼

【注释】

①橐（tuó）：盛物的袋子。

②樗（chū）：臭椿树，一种高大的落叶乔木。

③楠（bèi）木：一种落叶乔木，在七八月间吐穗的树，根、叶、花可入药。

④萧：艾蒿，一种带香味的草本植物。

⑤黾（měng）：青蛙、蟾蜍一类的动物。

⑥鸱（chī）：鹞鹰。

【译文】

再向西五十里，是橐山，山上的树木以臭椿树居多，还有很多楠树，山南面蕴藏着丰富的金、玉矿石，山北面蕴藏着丰富的铁矿，还生长着许多萧草。橐水从此山发源，然后向北流入黄河。橐水中有很多脩辟鱼，形状像蛙而长着白色的嘴巴，叫声好像鹞鹰的鸣叫，人吃了它的肉可以治愈白癣病。

又西九十里，曰常烝之山[①]，无草木，多垩。潐水出焉[②]，而东北流注于河，其中多苍玉。菑水出焉[③]，而北流注于河。

【注释】

①烝（zhēng）：气体上升的样子。

②潐（qiáo）水：古水名。

③菑（zī）水：水系名。今有淄水出山东莱芜，与此不同。

【译文】

再向西九十里，是常烝山，山上没有花草树木，但有许多垩土。潐水从此山发源，然后向东北流入黄河，潐水中盛产苍玉。菑水也从此山发源，然后向北流入黄河。

又西九十里，曰夸父之山，其木多棕枏[①]，多竹箭，其兽多㸲牛藏羊，其鸟多赤鷩，其阳多玉，其阴多铁。其北有林焉，名曰桃林[②]，是广员三百里，其中多马。湖水出焉，而北流注于河，其中多珚玉。

【注释】

①枏（nán）：同“楠”。楠树是贵重的木材。

②桃林：传说为夸父手杖所化，今在河南灵宝西南。

【译文】

再向西九十里，是夸父山，山上的树木以棕树和楠木树居多，还生长着许多小竹丛，山上的野兽以㸲牛、羬羊居多，鸟以赤鷩居多，山南面盛产玉石，山北面蕴藏着丰富的铁矿。夸父山北面有一片树林，叫桃林，方圆三百里，林中有很多马。湖水从此山发源，然后向北流入黄河，湖水中盛产珚玉。

又西九十里，曰阳华之山，其阳多金玉，其阴多青、雄黄，其草多藷藇，多苦辛，其状如楸[①]，其实如瓜，其味酸甘，食之已疟[②]。杨水出焉，而西南流注于洛，其中多人鱼。门水出焉，而东北流注于河，其中多玄彇[③]。缙姑之水出于其阴[④]，而东流注于门水，其上多铜。

【注释】

①楠（xiāo）：同“楸”。楸树是高大的落叶乔木，木质优良，果实可入药。

②疟（nüè）：疟疾，多由蚊虫引发的周期性传染病。表现为忽冷忽热，可引起贫血和脾肿大。

③玄礵（sù）：黑色的磨刀石。

④缙（jí）姑：古水名。

【译文】

再向西九十里，是阳华山，山南面蕴藏着丰富的金、玉矿石，山北面盛产石青、雄黄，山上的草以山药居多，还有许多苦辛草，形状像楸木，结的果实像瓜，味道酸甜，人吃了可以治愈疟疾。杨水从此山发源，然后向西南流入洛水，杨水中有很多人鱼。门水也从此山发源，然后向东北流入黄河，门水中有很多黑色磨石。缙姑水从阳华山北麓发源，然后向东流入门水，缙姑水沿岸蕴藏着丰富的铜矿。

凡缟羝山之首，自平逢之山至于阳华之山，凡十四山，七百九十里。岳在其中[①]，以六月祭之，如诸岳之祠法，则天下安宁。

【注释】

①岳：泛指高大的山。

【译文】

总计缟羝山山系之首尾，自平逢山起，直到阳华山止，共有十四座山，绵延七百九十里。这列山系中有高大的山岳，每年六月进行祭祀，和祭祀其他山岳的方法相似，这样做天下就会安宁。

中次七山苦山之首，曰休与之山，其上有石焉，名曰帝台之棋，五色而文，其状如鹑卵，帝台之石，所以祷百神者也，服之不蛊。有草焉，其状如蓍[1]，赤叶而本丛生，名曰夙条，可以为簳[2]。

【注释】

①蓍（shī）：蓍草，俗名锯齿草，多年生草本植物，一本多茎。古人取蓍草的茎作占筮之用。

②簳（gǎn）：细小的竹子，可以用来做箭杆。

【译文】

《中次七经》所记述的中央第七列山系苦山山系的第一座山是休与山。山上有一种石子，名叫帝台棋，它们有五种颜色并带有花纹，形状像鹌鹑蛋。帝台石是用来祷祀百神的，人佩带上它就不会中妖邪之气。山上有一种草，形状像蓍草，叶子是红色的，根茎丛生在一起，名叫夙条，可以用来制作箭杆。

东三百里，曰鼓钟之山[1]，帝台之所以觞[2]百神也。有草焉，方茎而黄华，员叶而三成[3]，其名曰焉酸，可以为毒[4]。其上多砺，其下多砥。

【注释】

①鼓钟之山：古山名。《五藏山经传》卷五："休舆东也。山为今小章谷。"

②觞：摆酒，请人喝酒。

③三成：郭璞注："叶三重也。"成，层、重的意思。

④为毒：驱除毒素。为，治的意思。

【译文】

往东三百里，有座鼓钟山，是神仙帝台在此奏钟鼓之乐宴请诸位天神的地方。山里有种草，这草的茎干是方形的，上面开着黄色的花朵，有三层重叠的圆形叶子，名叫焉酸，可以用来解毒。山上出产大量粗磨刀石，山下出产大量细磨刀石。

又东二百里，曰姑媱之山[1]。帝女死焉，其名曰女尸，化为䔄草[2]，其叶胥成[3]，其华黄，其实如菟丘[4]，服之媚于人。

【注释】

①姑媱(yáo)之山：古山名，吕调阳校作“姑番之山”。《五藏山经传》卷五：“山盖在葛蔓水入洛之南。”

②䔄(yáo)草：古代神话传说中的草名。

③胥成：相互重叠。

④菟(tù)丘：菟丝子，亦称菟丝。一年生缠绕寄生草本植物。茎细柔，呈丝状，橙黄色，多处生有吸盘附着寄主(如豆科、菊科等植物)。种子可提取脂肪油，中医学上以之入药，有补益肝肾等功效。

【译文】

从鼓钟山再往东二百里的地方，有座山叫姑媱山。天帝的女儿就是死在这里，她名叫女尸，死后化成䔄草，这种草叶子是一层一层的，开黄色的花，结的果实像菟丝。吃了这种果实，就会变得人见人爱。

又东二十里，曰苦山[①]。有兽焉，名曰山膏，其状如逐[②]，赤若丹火，善詈[③]。其上有木焉，名曰黄棘，黄华而员叶，其实如兰，服之不字[④]。有草焉，员叶而无茎，赤华而不实，名曰无条，服之不瘿。

山膏

【注释】

①苦山：古山名。《五藏山经传》卷五：“苦山即库谷，在姑媱东南。”

②逐：郭璞注：“即豚字。”

③詈(lì)：责骂

④字：怀孕，生育，哺乳。

【译文】

再往东二十里，有座苦山，山里有种野兽，名字叫山膏，它的形状像幼猪，身上红得像一团火，这野兽喜欢骂人。山里有种树，名字叫黄棘，它开黄色的花，叶子是圆的，果实和兰草的果实差不多，女人吃它不生孩子。山中有种草，这草有圆圆的叶子，没有茎干，开红色的花朵，不结果实，它的名字叫无条，吃了它脖子上不长肉瘤。

天愚

又东二十七里，曰堵山，神天愚居之，是多怪风雨。其上有木焉，名曰天楄[①]，方茎而葵状，服者不□[②]。

【注释】

①天楄（biān）：木名。

②□（yè）：通“噎”，食物吞咽困难的食道疾病。

【译文】

从苦山再往东二十七里的地方，有座山叫堵山。山神天愚就居住在这里，它经常兴风作雨。山上生长着一种树，名叫天楄，茎干呈方形，形状像葵菜，吃了这种树的树叶，就不会患咽下梗塞。

又东五十二里，曰放皋之山，明水出焉，南流注于伊水，其中多苍玉。有木焉，其叶如槐，黄华而不实，其名曰蒙木，服之不惑。有兽焉，其状如蜂，枝尾而反舌，善呼，其名曰文文。

【译文】

由堵山再往东五十二里有座山，名叫放皋山。放皋山是明水的发源地。明水流出山涧后便向南流入伊水。明水中有很多黑色的玉。放皋山上生长有一种树木，叶似槐树叶，开出的花是黄色的，不结果实。这种树名叫蒙树。用这种树入药可使人不受益惑。放皋山上有一种兽，身形似蜂，尾巴像蛇一样细长，舌头倒长。这种兽爱呼叫，名叫文文。

又东五十七里，曰大苦之山，多㻬琈之玉，多麋玉。有草焉，其状叶如榆，方茎而苍伤[①]，其名曰牛伤[②]，其根苍文，服者不厥[③]，可以御兵。其阳狂水出焉，西南流注于伊水，其中多三足龟，食者无大疾，可以已肿[④]。

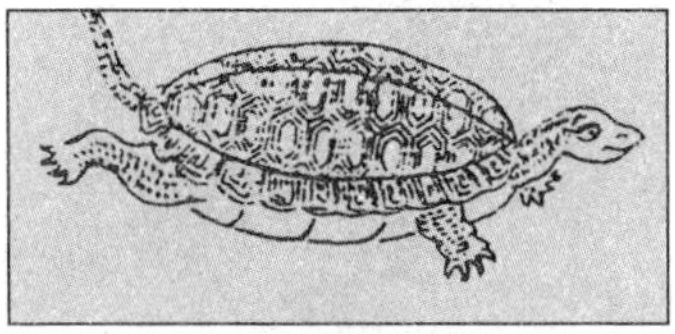

三足龟

【注释】

①苍伤：苍刺，即青黑色的刺。

②牛伤：牛棘。

③厥：昏厥，病名。指突然昏倒、手足逆冷等症。

④肿：脓肿、水肿。

【译文】

从放皋山再往东五十七里的地方，有座山叫大苦山。满山遍布着精美的㻬琈玉，还有五颜六色的玉石。山上长有一种草，它的叶子像榆树叶，茎干呈方形并长有棘刺，它的名字叫牛伤。它的根部有花纹，服用了这种草的人就不会患昏厥病，还可以用这种草抵御敌兵。狂水是从这座山的南面流出，向西南流入伊水，狂水中有很多三足龟，吃了这种龟肉，就不会生大病，还可以消肿。

又东七十里，曰半石之山。其上有草焉，生而秀[①]，其高丈余，赤叶赤华，华而不实。其名曰嘉荣，服之者不畏霆[②]。来需之水出于其阳，而西流注于伊水，其中多鲶鱼，黑文，其状如鲋，食者不睡。合水出于其阴，而北流注于洛，多螣鱼[③]，状如鳜[④]，居逵[⑤]，苍文赤尾，食者不痈[⑥]，可以为瘘[⑦]。

鲶鱼

鰧鱼

【注释】

①秀：谷物或植物吐穗开花。

②霆：疾雷、霹雳。

③鰧鱼：也叫瞻星鱼。

④鳜：鳜鱼，也叫桂鱼，背隆起，口大，下颌突出，背鳍一个，鳞细小、圆形，性凶猛，捕食水中鱼虾。

⑤逵：原意为四通八达的道路，这里指相互贯通着的水底洞穴。

⑥痈：恶性脓疮。

⑦瘘：颈肿大的病，即颈部淋巴结核。

【译文】

再往东七十里，有座半石山，这山上有一种草，一破土就抽穗开花，有一丈多高，叶子和花都是红色的，开花后果实就落了，它的名字叫嘉荣，吃了它人就不畏惧霹雳雷震。来需水从半石山南边发源，之后向西注入伊水。水里有很多鲶鱼，这鱼浑身长着黑色的斑纹，形状就像鲫鱼，吃了它的肉不会打瞌睡。合水从山的北边发源，之后向北注入洛水，水里有很多鰧鱼，这鱼的形状就像鳜鱼，栖息在水底的洞穴，身上是青色斑纹，有红色的尾巴，吃了它的肉可以不得痈肿，还能够治好瘘疮。

又东五十里，曰少室之山[①]，百草木成囷[②]。其上有木焉，其名曰帝休，叶状如杨，其枝五衢[③]，黄华黑实，服者不怒。其上多玉，其下多铁。休水出焉，而北流注于洛，其中多䱱鱼，状如盩蜼而长距[④]，足白而对[⑤]，食者无蛊疾，可以御兵。

【注释】

①少室：山名。在今河南登封西。

②囷（qūn）：圆形的仓库，用来装粮食。

③衢（qú）：本指四通八达的道路，这里指树岔。

④鳌雌（zhōu wèi）：一种像猕猴的野兽。距：足爪。

⑤对：相向。

【译文】

由半石山再往东五十里有座山，名叫少室山。山上的草木种类繁多，且茂盛芜杂，远看似一巨大的仓囷。这座山上有一种树木，名叫帝休。这种树的叶似杨树叶，树枝交错而出，伸向五方。这种树开的花是黄色的，结的果实是黑色的，用这种花、果入药可使人平心静气不发怒。这座山的山巅有很多玉石，山坡下则有很多的铁矿石。休水发源于这座山，流出山涧后便向北流入洛河。休水中有很多鳑鱼。形似猕猴，脚距较长，脚是白色的，脚趾相向。吃了这种鱼可使人不受益惑。还可以用这种鱼来防御敌兵。

又东三十里，曰泰室之山。其上有木焉，叶状如梨而赤理[①]，其名曰栯木，服者不妒。有草焉，其状如茱，白华黑实，泽如蘡薁[②]，其名曰䔄草，服之不眯。上多美石。

【注释】

①梨：梨树，落叶乔木，叶子卵形。花多白色，果子多汁，可食。

②蘡薁：植物名。落叶藤本，枝条细长有棱角，叶掌状，果实黑紫色。可酿酒，亦可入药。俗称野葡萄、山葡萄、山櫐。

【译文】

再往东三十里，有座泰室山，这山上有种树，它的叶子像梨树的峙子，有红色纹理，这树的名字叫栯木，人吃了它就不会有嫉妒心。山里有种草，形状像茱草，开白色的花，结黑色的果实，果子的色泽像野葡萄一样，这草的名字叫䔄草，吃了它人的眼睛就不会昏花。这山上还有许多美丽的石头。

又北三十里，曰讲山，其上多玉，多柘[①]，多柏。有木焉，名曰帝屋，叶状如椒，反伤赤实，可以御凶。

【注释】

①柘（zhè）：树名，桑科，落叶灌木或小灌木。叶可以喂蚕，皮可以做黄色染料，是贵重的木料。

【译文】

由泰室山再往北三十里有座山，名叫讲山。讲山上有很多玉石生长着柘树和柏树。这座山上还有一种树，名叫帝屋。这种树的叶子形似花椒叶，长着倒刺，结的果实是红色的，可用这种树来抵御入侵的凶敌。

又北三十里，曰婴梁之山，上多苍玉，錞于玄石。

【译文】

由讲山再往北三十里有座山，名叫婴梁之山。山上有很多黑色玉石。这些玉石大多都附着在黑色大石头上。

又东三十里，曰浮戏之山，有木焉，叶状如樗而赤实，名曰亢木，食之不蛊。汜水出焉，而北流注于河。其东有谷，因名曰蛇谷，上多少辛[①]。

【注释】

①少辛：又名小辛、细辛，一种草药。

【译文】

再向东三十里，是浮戏山。山上生长着一种树，叶子的形状像臭椿树叶，果实是红色的，名叫亢木，人吃了它的叶子就不会中妖邪之气。汜水从此山发源，然后向北流入黄河。在浮戏山的东面有一道峡谷，因峡谷里有很多蛇而取名叫蛇谷，峡谷上面生长着很多细辛。

又东四十里，曰少陉之山，有草焉，名曰䔄草[①]，叶状如葵，而赤茎白华，实如蘡薁[②]，食之不愚。器难之水出焉，而北流注于役水。

【注释】

①茵(gāng)草：一种草名。

②蘡薁(yīng yú)：又称野葡萄。果可酿酒，根叶可入药。

【译文】

再向东四十里，是少陉山。山上有一种草，名叫茵草，叶子的形状与葵菜叶相似，茎干是红色的，花是白色的，果实很像野葡萄。人吃了就不再愚笨。器难水从此山发源，然后向北流入役水。

又东南十里，曰太山[①]，有草焉，名曰梨，其叶状如荻而赤华[②]，可以已疽。太水出于其阳，而东南流注于役水；承水出于其阴，而东北流注于役水。

【注释】

①太山：山名。应在今河南境内，非东岳泰山。

②荻(qiú)：一种蒿类植物，像艾蒿多分杈，茎干约有一丈高。

【译文】

再向东南十里，是太山。山上有一种草，名叫梨，叶子的形状像蒿草叶而开红色的花，可以用来治疗痈疽。太水从此山的南麓发源，然后向东南流入役水；承水从此山的北麓发源，然后向东北流入役水。

又东二十里，曰末山，上多赤金。末水出焉，北流注于役水。

【译文】

再向东二十里，是末山，山上蕴藏着丰富的赤金矿。末水从此山发源，向北流入役水。

又东二十五里，曰役山，上多白金，多铁。役水出焉，北流注于河。

【译文】

再向东二十五里，是役山，山上蕴藏着丰富的白金矿和铁矿。役水从此山发源，向北流入黄河。

又东三十五里，曰敏山[①]，上有木焉，其状如荆，白华而赤实，名曰蓟柏[②]，服者不寒。其阳多㻬琈之玉。

【注释】

①敏山：博山。在今河南郑州南。

②蓟（jì）柏：植物名，柏树的一种。蓟，通“蓟”。

【译文】

再向东三十五里，是敏山。山上有一种树，形状与牡荆相似，开白色的花，结红色的果实，名叫蓟柏，人吃了它的果实就不怕寒冷。敏山的南面还盛产㻬琈玉。

豕身而人面神

又东三十里，曰大騩之山[①]，其阴多铁、美玉、青垩。有草焉，其状如蓍而毛，青华而白实，其名曰𦳊[②]，服之不夭，可以为腹病。

【注释】

①大騩：山名，在今河南密县南。

②𦳊（hěn）：草名。

【译文】

从敏山再往东三十里的地方，有座山叫大騩山。山的北面有丰富的铁矿、精美的玉石、青色的垩土。山中长有一种草，形状像蓍草却长着毛，开青色的花，结白色的果实，它的名字叫𦳊。人们吃了这种果实，能够延年益寿，还可以医治肠道疾病。

凡苦山之首，自休与之山至于大騩之山，凡十有九山，千一百八十四里。其十六神者，皆豕身而人面。其祠：毛牷[①]用一羊羞[②]，婴用一藻玉[③]瘗。苦山、少室、太室皆冢也，其祠之：太牢之具，婴以吉玉。其神状皆人面而三首，其余属皆豕身人面也。

人面三首神

【注释】

①牷（quán）：毛色纯一的整只家畜。

②羞：进献，这是指进献祭祀品。

③藻玉：带有五彩花纹的玉。

【译文】

苦山山系，从休与山开始到大騩山止，一共有十九座，行经一千一百八十四里。其中十六座山的山神，都是长着猪的身子人的脸。祭祀这些山神的礼仪如下：用一只纯色的羊，玉器用一块藻玉，祭祀后埋入地下。苦山、少室山、太室山是诸山的宗主。祭祀这三座山的礼仪如下：用猪、牛、羊齐全的三牲，玉器用上等的吉玉。这三座山的山神都有人的面孔，长着三个脑袋。而另外那十六座山的山神都是猪的身子人的面孔。

中次八经荆山之首，曰景山[①]，其上多金玉，其木多杼[②]檀。睢水[③]出焉，东南流注于江，其中多丹粟，多文鱼[④]。

【注释】

①景山：古山名。《五藏山经传》卷五："景，强之借字。山在江陵城东四十里，临三湖之上，象螳螂首，故名。"

②杼（shù）：木名。杄树，即柞树。

③睢水：《五藏山经传》卷五："湖东南与红马湖相接，象鹗立形，故名睢水，亦曰鄂渚。其水并受江流，又东北出两派会漳水入汉东南，两派历

诸湖注江也。”郝懿行注：“‘雎’，亦作‘沮’。”

④文鱼：俗称黑鱼。

文鱼

【译文】

中央第八列山系是荆山山系，它的第一座山叫景山，这山上有大量金属和玉石，山里的树木以栎树和檀树居多。雎水就从这山发源，之后向东南注入长江，水里有很多粟米粒大小的丹沙，还有大量黑鱼。

东北百里，曰荆山，其阴多铁，其阳多赤金，其中多犛牛[①]，多豹虎，其木多松柏，多橘櫾[②]，其草多竹。漳水出焉[③]，而东南流注于雎，其中多黄金，多鲛鱼，其兽多闾麋。

犛牛

【注释】

①犛（máo）牛：一种黑色毛皮的牛，大概是牦牛一类。

②櫾（yòu）：同“柚”，常绿乔木，果实较大，味道酸甜。

③漳水：水名，出湖北荆山中，后与沮水汇合，在江陵市附近流入长江。

【译文】

从景山往东北一百里的地方，有座山叫荆山。荆山的北面有丰富的铁矿，南面有黄灿灿的金矿；山中有很多犛牛、豹和虎。荆山树木苍翠，其中松树和柏树尤其繁茂，这里花草丛生，小竹子遍地都是，还有很多的橘子树和柚子树。漳水是从这座山流出，然后向东南流入雎水。漳水水底蕴藏着丰富的金属矿物，还有很多鲨鱼，荆山的野兽多是山驴和麋鹿。

又东北百五十里，曰骄山，其上多玉，其下多青雘，其木多松柏，多桃枝[①]钩端[②]。神蟲围处之，其状如人面。羊角虎爪，恒游于雎漳之渊，出入有光。

蟲围

【注释】

①桃枝：指桃枝竹。一种赤皮竹。可以织席做杖。

②钩端：竹名。

【译文】

再往东北一百五十里，有座骄山，这座山上有大量玉石，山下有很多青雘，山上树木以松树和柏树居多，桃枝钩端一类小竹子四处生长。神蟲围住在这座山里，它的形貌像人，却长着羊角，有虎的爪子，时常在雎水和漳水的深渊一带活动，出入时都有亮光。

又东北百二十里，曰女几之山[①]，其上多玉，其下多黄金，其兽多豹虎，多闾麋麖麂[②]，其鸟多白鷮[③]，多翟，多鸩[④]。

鸩

【注释】

①女几：山名，在今河南宜阳西有女几山，恐非此。

②麂（jǐ）：一种体形较小的鹿类。

③白鷮（jiāo）："鷮雉"，一种像野鸡一样有较长尾羽的鸟，边飞边鸣叫。

④鸩（zhèn）：传说中的一种毒鸟，常捕食蝮蛇。

【译文】

由骄山再往东北一百二十里有座山，名叫女几山。女几山上有很多玉石，山坡下有很多黄金。这座山上的兽类主要是虎、豹，山上还有很多山驴、麋鹿、麖、麂。这座山上生长的鸟类主要是白鷮、长尾雉和鸩。

又东北二百里，曰宜诸之山，其上多金玉，其下多青雘。洈水出焉[①]，而南流注于漳，其中多白玉。

【注释】

①洈（wéi）水：水名。

【译文】

再向东北二百里，是宜诸山，山上蕴藏着丰富的金、玉矿石，山下盛产青雘。洈水从此山发源，然后向南流入漳水，洈水中有很多白色玉石。

又东北三百五十里，曰纶山，其木多梓枏，多桃枝，多柤栗橘櫾，其兽多闾、麈、麢、㚟[①]。

【注释】

①麈（zhǔ）：鹿名。亦名驼鹿，俗称四不像。麢（líng）：兽名。㚟（chuò）：一种有青色皮毛，与兔子相似长着鹿脚的野兽。

【译文】

再向东北二百里，是纶山，山上的树木以梓树、楠木树居多，又有许多丛生的桃枝竹，还有许多的柤树、栗子树、橘子树、柚子树，山上的野兽以山驴、麈、羚羊、㚟居多。

又东二百里，曰陆郃之山[①]，其上多㻬琈之玉，其下多垩，其木多杻橿。

【注释】

①陆郃（guǐ）：山名。

【译文】

再向东二百里，是陆郃山，山上盛产㻬琈玉，山下盛产多种垩土，这里的树木以杻树和橿树居多。

又东百三十里，曰光山，其上多碧，其下多水。神计蒙处之，其状人身而龙首，恒游于漳渊，出入必有飘风暴雨。

计蒙

【译文】

再向东一百三十里，是光山，山上盛产碧玉，山下到处流水。神仙计蒙居住在这里，形貌是人身龙头，常常在漳水的深渊里畅游，出入时一定有暴风急雨相伴随。

又东百五十里，曰岐山，其阳多赤金，其阴多白珉[①]，其上多金玉，其下多青雘，其木多樗。神涉䵢处之[②]，其状人身而方面三足。

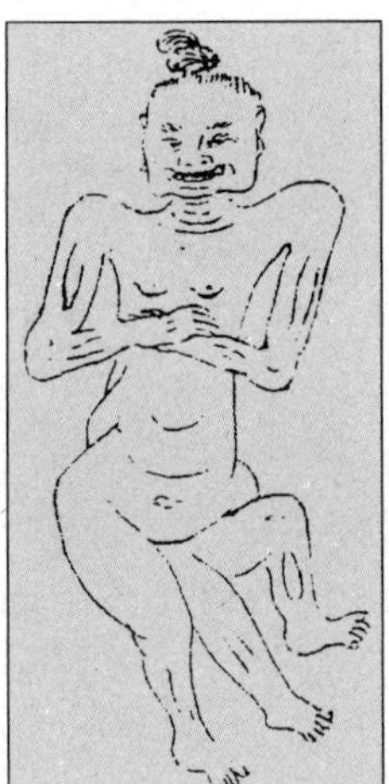
涉䵢

【注释】

①珉（mín）：一种次于玉的美石。

②涉䵢（tuó）：神祇名。

【译文】

再向东一百五十里，是岐山，山南面蕴藏着丰富的金矿，山北面盛产白色珉石，山上蕴藏着丰富的金、玉矿石，山下盛产青雘，这里的树木以臭椿树居多。神仙涉䵢就住在这里，形貌是长着像人一样的身子，面孔是方形的，有三只脚。

又东百三十里，曰铜山，其上多金银铁，其木多穀柞柤栗橘櫾，其兽多豹[①]。

【注释】

①犳(zhuó):传说中的动物名。

【译文】

再往东一百三十里,有座铜山,这山里盛产金、银、铁,山上的树木以构树、柞树、柤树、栗子树、橘子树、柚子树居多,野兽则是以犳居多。

又东北一百里,曰美山,其兽多兕牛,多闾麈,多豖鹿,其上多金,其下多青雘。

【译文】

再往东北一百里,有座美山,这山里的野兽以兕、野牛为多,还有很多山驴、麈,以及许多野猪、鹿,这山上盛产黄金,山下出产大量青雘。

又东北百里,曰大尧之山,其木多松柏,多梓桑,多机[①],其草多竹,其兽多豹虎麢㲋[②]。

【注释】

①机:桤树。

②麢(líng):兽名。㲋(chuò):一种有青色皮毛,与兔子相似长着鹿脚的野兽。

【译文】

再往东北一百里,有座大尧山,这座山里的树木以松树和柏树居多,还有很多梓树和桑树,以及桤树,这山里的草以低矮丛生的小竹子居多,野兽则是以豹、虎、麢、㲋居多。

又东北三百里,曰灵山,其上多金玉,其下多青雘,其木多桃李梅杏。

【译文】

从大尧山再往东北三百里的地方,有座山叫灵山。这座山蕴藏着丰富的金属矿物和玉石，山下遍地是色彩斑斓的青雘。山中树木成林，主要是桃树、李树、梅树、杏树。

又东北七十里，曰龙山，上多寓木[①]，其上多碧，其下多赤锡，其草多桃枝钩端。

【注释】

①寓木：又叫宛童，一种寄生在其他树木上的植物。

【译文】

从灵山再往东北七十里的地方，有座山叫龙山。山上生长着许多寓树，这种树寄生在别的树干上；山上盛产玉石，还有精美纯净的锡石。山中杂草丛生，桃枝、钩端枝繁叶茂。

又东南五十里，曰衡山，上多寓木榖柞，多黄垩、白垩。

【译文】

从龙山再往东南五十里的地方，有座山叫衡山。山上树木枝繁叶茂，其中寓树、构树、柞树尤其茂密，山中还有很多可制作涂料的黄色垩土和白色垩土。

又东南七十里，曰石山，其上多金，其下多青雘，多寓木。

【译文】

从衡山再往东南七十里的地方，有座山叫石山。山上蕴藏着丰富的金矿，山下有很多青雘。还生长许多寓树。

又南百二十里，曰若山，其上多㻬琈之玉，多赭，多封石[①]，多寓木，多柘。

【注释】

①封石：一种可做药用的矿物，味甜无毒。

【译文】

再向南一百二十里，是若山，山上盛产㻬琈玉，又盛产赭石，还有很多封石。山上生长着许多寄生树，还有许多柘树。

又东南一百二十里，曰彘山，多美石，多柘。

【译文】

再向东南一百二十里，是彘山，山上有很多漂亮的石头，还生长着许多柘树。

又东南一百五十里，曰玉山，其上多金玉，其下多碧铁，其木多柏。

【译文】

再向东南一百五十里，是玉山，山上蕴藏着丰富的金、玉矿石，山下蕴藏着丰富的碧玉、铁矿，这里的树木以柏树居多。

又东南七十里，曰讙山，其木多檀，多封石，多白锡。郁水出于其上，潜于其下，其中多砥砺。

【译文】

再向东南七十里，是讙山，这里的树木大多是檀树，还盛产封石、白色锡土。郁水从此山顶上发源，潜流到山下，水中有很多磨石。

又东北百五十里，曰仁举之山，其木多榖柞，其阳多赤金，其阴多赭。

【译文】

再向东北一百五十里，是仁举山，山上的树木以构树和柞树居多，山的南面盛产黄金，山的北面盛产赭石。

又东五十里，曰师每之山，其阳多砥砺，其阴多青雘，其木多柏，多檀，多柘，其草多竹。

【译文】

再往东五十里，是师每山，山南面盛产磨石，山北面盛产青雘，山上的树木以柏树居多，还有很多檀树、柘树，草类大多是丛生的小竹子。

又东南二百里，曰琴鼓之山，其木多榖柞椒柘[①]，其上多白珉，其下多洗石，其兽多豕鹿，多白犀，其鸟多鸩。

【注释】

①椒：此处的椒树指一种矮小丛生的树，与上文的花椒树不是同一物种。

【译文】

再往东南二百里，是琴鼓山，山上的树木以构树、柞树、椒树、柘树居多，山上盛产白色珉石，山下盛产洗石，这里的野兽以野猪、鹿居多，还有许多白色犀牛，禽鸟以鸩鸟居多。

凡荆山之首，自景山至琴鼓之山，凡二十三山，二千八百九十里。其神状皆鸟身而人面。其祠：用一雄鸡祈瘗，婴用一藻圭，糈用稌。骄山，冢也。其祠：用羞酒少牢祈瘗[①]，婴用一璧。

鸟身人面神

【注释】

①羞：进献。

【译文】

总计荆山山系之首尾，自景山起，直到琴鼓山止，共有二十三座山，绵延二千八百九十里。这二十三座山山神的形貌都是鸟身人面。祭祀山神时，毛物用一只公鸡祭祀后埋入地下，并用一块藻圭献祭，祀神的米用稻米。骄山，是诸山之首。祭祀骄山山神时，用进献的美酒和猪、羊来祭祀而后埋入地下，玉器选用一块玉璧。

中次九山岷山之首，曰女几之山，其上多石涅[①]，其木多杻橿，其草多菊茶。洛水出焉，东注于江。其中多雄黄，其兽多虎豹。

【注释】

①石涅：涅石，一种可做黑色染料的矿石。

【译文】

《中次九经》所记述的中央第九列山系岷山山系的第一座山是女几山，山上盛产石涅，树木以杻树、橿树居多，花草以野菊、苍术或白术居多。洛水从此山发源，向东流入长江。山中盛产雄黄，野兽以老虎、豹子居多。

鼍

又东北三百里，曰岷山[①]，江水出焉，东北流注于海，其中多良龟，多鼍[②]。其上多金玉，其下多白珉。其木多梅棠。其兽多犀象，多夔牛[③]。其鸟多翰[④]鷩[⑤]。

【注释】

①岷山：古山名。《五藏山经传》卷五："崃山北也。"

②鼍（tuó）：郭璞注："似蜥蜴，大者长二丈，有鳞彩，皮可以冒鼓。"即扬子鳄，俗称猪婆龙。是我国特产动物，分布在今安徽、江苏、浙江、江西。主产于安徽南部青弋江沿岸至太湖流域等地沼泽地区。

③夔牛：古代传说中的一种大牛，据说可以重达数千斤。

④翰：野鸡的一种，俗称翰鸟。

⑤鷩（bì）：赤鷩鸟，俗称锦鸡。

【译文】

再往东北三百里，有座岷山，长江就从岷山发源，之后向东北注入海里，附近的水里生长着大量良龟，还有许多鼍。这座山上盛产金属和玉石，山下盛产白色的珉石。山里的树木以梅树和海棠居多，野兽以犀牛和大象居多，也有很多夔牛，山里的鸟以翰鸟和赤鷩鸟居多。

夔牛

又东北一百四十里，曰崃山[①]，江水出焉，东流注于大江。其阳多黄金，其阴多麋麈，其木多檀柘，其草多䪥韭[②]，多药、空夺[③]。

【注释】

①崃山：即邛崃山。今在四川邛崃。

②䪥（xiè）：一种山野菜。

③空夺：就是上文提到过的寇脱。寇脱，通脱木的别名。

【译文】

从岷山再往东北一百四十里的地方，有座山叫崃山。长江的一条支流是从这座山流出，然后向东流入长江。崃山的南面有丰富的金属矿物，山的北面麋鹿、麈相互追逐。山中檀树和柘树树繁叶盛，薤菜、韭菜、白芷、寇脱满山遍野。

又东一百五十里，曰崌山。江水出焉，东流注于大江，其中多怪蛇，多鳌鱼，其木多楢杻，多梅梓，其兽多夔牛、麢、㚟、犀、兕。有鸟焉，状如鸮而赤身白首，其名曰窃脂[①]，可以御火。

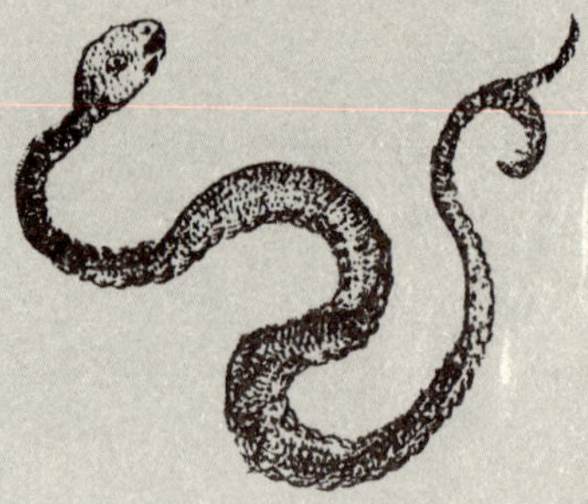

怪蛇

窃脂

【注释】

①窃脂：传说中的一种鸟名，即青雀，又名桑扈。

【译文】

由崃山再往东一百五十里有座山，名叫崌山。长江的一条支流就发源于这座山，流出山涧后便向东流入长江，江水中有很多怪蛇，还有很多鳌鱼。崌山中生长的树种主要是楢树、杻树、梅树、梓树，出没的兽类主要是夔牛、羚羊、㚟、犀兕之类。山上有一种鸟，形似鸮，是红色的，只有脑袋是白色的。这种鸟名叫窃脂，可用它来防御火灾。

又东三百里，曰高梁之山，其上多垩，其下多砥砺，其木多桃枝、钩端。有草焉，状如葵而赤华、荚实白柎，可以走马①。

【注释】

①走马：骑马疾走，驰逐。

【译文】

由崌山再往东三百里有座山，名叫高梁山。这座山上有很多可用作涂饰的各色土，山坡下有很多可用作磨刀的石头，山上生长的树种主要是桃枝竹和钩端竹，山上生长有一种草，形状有点像葵草，但开有红色花朵，结有荚果一样的果实，花萼是白色的。用这种草喂马，可以使马健跑。

又东四百里，曰蛇山，其上多黄金，其下多垩，其木多栒[1]，多豫章，其草多嘉荣、少辛。有兽焉，其状如狐，而白尾长耳，名㺇狼[2]，见则国内有兵。

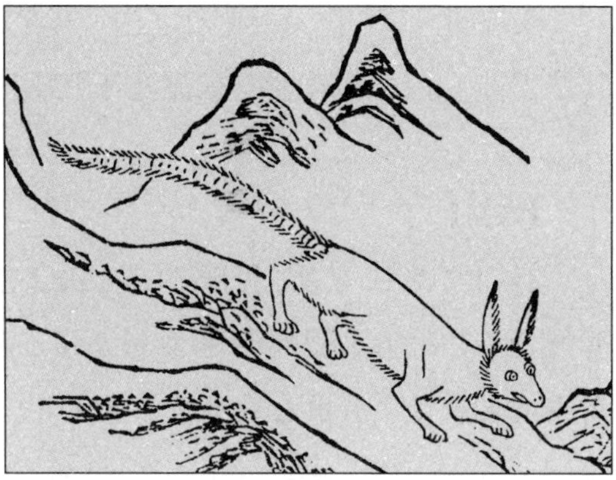

㺇狼

【注释】

①栒（xún）：木名。

②㺇（yǐ）狼：传说中的兽类。

【译文】

再向东四百里，是蛇山，山上蕴藏着丰富的金矿，山下盛产垩土，这里的树木以栒树居多，还有许多豫章树，草类以嘉荣、细辛居多。山上有一种野兽，形貌和狐狸相似，长着白色的尾巴和长耳朵，名叫㺇狼，它在哪个国家出现，哪个国家就会发生战争。

又东五百里，曰鬲山[1]，其阳多金，其阴多白珉。蒲鸏之水出焉，而东流注于江，其中多白玉。其兽多犀象熊罴，多猿、蜼[2]。

蜼

【注释】

①鬲（gé）山：山名，古代鬲山相传为夏桀的死地。

②蜼（wèi）：一种长尾猿。

【译文】

再向东五百里，是鬲山，山南面盛产金，山北面盛产白色珉石。蒲鸏水从此山发源，然后向东流入长江，水中盛产白色玉石。山上的野兽以犀牛、大象、熊、罴居多，还有许多猿猴、长尾猿。

又东北三百里，曰隅阳之山，其上多金玉，其下多青雘，其木多梓桑，其草多茈。徐之水出焉，东流注于江，其中多丹粟。

【译文】

再向东北三百里，是隅阳山，山上蕴藏着丰富的金、玉矿石，山下盛产青雘，这里的树木以梓树和桑树居多，草类以紫草居多。徐水从此山发源，向东流入长江，水中有许多粟粒大小的丹沙。

又东二百五十里，曰岐山[①]，其上多白金，其下多铁，其木多梅梓，多杻楢。减水出焉，东南流注于江。

【注释】

①岐山：山名，今在陕西岐山。

【译文】

再向东二百五十里，是岐山，山上蕴藏着丰富的白金矿，山下蕴藏着丰富的铁矿，这里的树木以梅树和梓树居多，还有许多杻树和楢树。减水从此山发源，向东南流入长江。

又东三百里，曰勾檷之山[①]，其上多玉，其下多黄金，其木多栎柘，其草多芍药。

【注释】

①勾檷（mí）之山：山名。

【译文】

再往东三百里，有座勾檷山，这座山上盛产玉石，山下盛产黄金，山里的树木以栎树和柘树居多，草类则以芍药居多。

又东一百五十里，曰风雨之山，其上多白金，其下多石涅，其木多椒椫[①]，多杨。宣余之水出焉，东流注于江，其中多蛇。其兽多闾麋麈，多豹虎，其鸟多白䳄。

【注释】

①棷（zōu）：神话传说中的木名。樿（shàn）：又名白理木，一种有白色纹理的树木，木质坚硬。

【译文】

再向东一百五十里，是风雨山，山上蕴藏着丰富的白金矿，山下盛产石涅，这里的树木以棷树和樿树居多，还有许多杨树。宣余水从此山发源，向东流入长江，水中有很多水蛇。山里的野兽以山驴和麋鹿居多，还有许多麈、豹子、老虎，鸟类以白䳄居多。

又东北二百里，曰玉山，其阳多铜，其阴多赤金，其木多豫章楢杻，其兽多豕鹿麢㚖，其鸟多鸩。

【译文】

由风雨山再往东北二百里有座山，名叫玉山。这座山的南坡蕴藏有丰富的铜矿，山的北坡蕴藏有丰富的赤金矿。这座山上生长着豫樟树、楢附、杻树。山上出没的野兽主要是山猪、鹿、羚羊和㚖，栖息的鸟主要是鸩。

又东一百五十里，曰熊山。有穴焉，熊之穴，恒出神人。夏启而冬闭[①]，是穴也，冬启乃必有兵。其上多白玉，其下多白金。其木多樗柳，其草多寇脱[②]。

熊山神

【注释】

①启：开启。闭：关闭。

②寇脱：寇脱草，通脱木的别名。

【译文】

由玉山再往东一百五十里有座山，名叫熊山。

这座山有个洞穴，是熊居住的地方，但也常有一些神仙进进出出。这个洞穴的门，夏季总是开着的，而冬季总是关的。如果冬季这个洞穴的门打开，天下将发生战乱。熊山的山巅有很多白色玉石，山坡下则有很多白金。这座山上生长的树种主要是臭椿和柳树，生长的草类主要是寇脱草。

又东一百四十里，曰騩山，其阳多美玉赤金，其阴多铁，其木多桃枝、荆、芑。

【译文】

再往东一百四十里，有座騩山，这山的南边盛产美玉和黄金，山的北边出产丰富的铁矿，这里的草木以桃枝竹、牡荆树、枸杞树居多。

又东二百里，曰葛山，其上多赤金，其下多瑊石[①]，其木多祖栗橘櫾楢杻，其兽多麢臭，其草多嘉荣。

【注释】

①瑊（jiān）石：一种质地比玉石差一等的美石。

【译文】

再往东二百里，有座葛山，这座山上盛产黄金，山下边出产大量瑊石，山里的树木以柤树、栗子树、橘子树、柚子树、楢树、杻树居多，野兽以羚羊和臭居多，草类则以嘉荣居多。

又东一百七十里，曰贾超之山，其阳多黄垩，其阴多美赭，其木多柤栗橘櫾，其中多龙脩[①]。

【注释】

①龙脩：龙须草，可以用来织席和造纸。

【译文】

由葛山往东一百七十里，就到了贾超山。贾超山的南坡有很多黄色土，山的北坡有很多优质的红色土。这座山上生长的树种主要有柤树、栗树、橘树、櫾树，山上还有很多龙须草。

凡岷山之首，自女几山至于贾超之山，凡十六山，三千五百里。其神状皆马身而龙首。其祠：毛用一雄鸡瘗，糈用稌。文山、勾檷、风雨、騩山[1]，是皆冢也。其祠之：羞酒，少牢具，婴用一吉玉。熊山，帝也[2]。其祠：羞酒，太牢具，婴用一璧。干儛，用兵以禳；祈，璆冕舞[3]。

马身龙首神

【注释】

①文山：指岷山。

②帝：指领袖。

③璆（qiú）：同“球”，一种美玉。

【译文】

综观中部第九列山系，即岷山山脉，西自女几山，东至贾超山，共有十六座山，绵延三千五百里。这十六座山的山神身形似马，长着龙的脑袋。祭祀这些山神的毛物都用一只公鸡，将公鸡埋在地下，祭祀用的精米用稻米。祭祀岷山、勾檷山、风雨山、騩山四个山神须行大社礼，祭祀他们时，都是先进献美酒，再进献猪、羊二牲，玉器用一块吉玉。熊山的山神，是众山之首，祭祀熊山山神的礼仪，也是先进献美酒，再进献猪、牛、羊三牲，玉器用一块璧玉。祭祀这些山神时还要跳舞。如想消灾，就手持盾牌、干戈跳兵舞；如想祈福，就头戴礼帽，边击玉石边跳舞。

中次十山之首，曰首阳之山，其上多金玉，无草木。

【译文】

《中次十经》所记述的中央第十列山系的第一座山是首阳山，山上蕴藏着丰富的金、玉矿石，没有花草树木。

又西五十里，曰虎尾之山，其木多椒椐，多封石，其阳多赤金，其阴多铁。

【译文】

再向西五十里，是虎尾山，山上的树木以花椒树和椐树居多，有很多封石，山南面蕴藏着丰富的赤金矿，山北面蕴藏着丰富的铁矿。

又西南五十里，曰繁缋之山[①]，其木多楢杻，其草多枝勾。

【注释】

①繁缋（huì）：山名。缋，布帛的首尾两部分。

【译文】

再向西南五十里，是繁缋山，山上的树木以楢树和杻树居多，草以桃枝、钩端之类的小竹丛居多。

又西南二十里，曰勇石之山，无草木，多白金，多水。

【译文】

再向西南二十里，是勇石山，山上没有花草树木，但蕴藏着丰富的白金矿，有很多水流。

跂踵

又西二十里，曰复州之山，其木多檀，其阳多黄金。有鸟焉，其状如鸮，而一足彘尾，其名曰跂踵，见则其国大疫。

【译文】

再向西二十里，是复州山，山上的树木以檀树居多，山南面蕴藏着丰富的黄金。山上有一种鸟，样子像猫头鹰，只有一只爪子，长着像猪一样的尾巴，名叫跂踵，它在哪个国家出现，哪个国家就会发生大瘟疫。

又西三十里，曰楮山，多寓木，多椒椐，多柘，多垩。

【译文】

再向西三十里，是楮山，山上生长着许多寄生树，还有许多花椒树、椐树和柘树，盛产垩土。

又西二十里，曰又原之山，其阳多青雘，其阴多铁，其鸟多鸜鹆[①]。

【注释】

①鸜鹆（qú yù）：鸟名，俗称八哥。

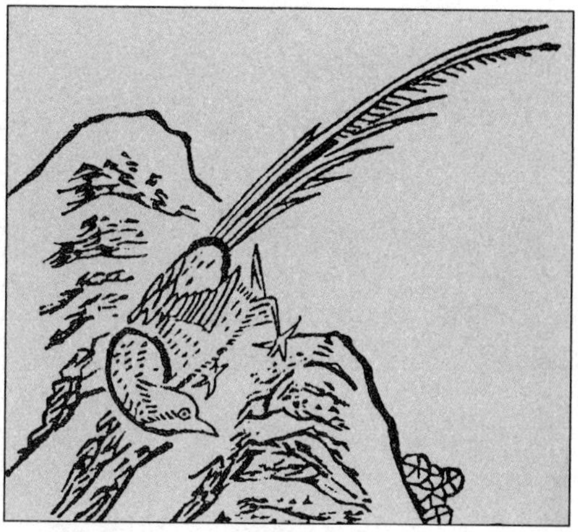

鸜鹆

【译文】

再向西二十里，是又原山，山南面盛产青雘，山北面蕴藏着丰富的铁矿，这里的鸟类以八哥居多。

又西五十里，曰涿山，其木多穀柞杻，其阳多㻬琈之玉。

【译文】

再向西五十里，是涿山，山上的树木以构树、柞树、杻树居多，山南面盛产㻬琈玉。

又西七十里，曰丙山，其木多梓檀，多弞杻[①]。

【注释】

①弞（shěn）杻：高大的杻树。弞，长。

【译文】

再向西七十里，是丙山，山上的树木以梓树、檀树居多，还有很多弞杻树。

凡首阳山之首，自首山至于丙山，凡九山，二百六十七里。其神状皆龙身而人面。其祠之：毛用一雄鸡瘗，糈用五种之糈。堵山，冢也，其祠之：少牢具，羞酒祠，婴用一璧瘗。騩山，帝也，其祠：羞酒，太牢具，合巫祝二人儛，婴一璧。

龙身人面神

【译文】

总计首阳山山系之首尾，自首阳山起，直到丙山止，共有九座山。绵延二百六十七里。这九座山山神的形貌都是龙身人面。祭祀山神的典礼是：毛物用一只公鸡献祭后埋入地下，祀神的米用五种粮米。堵山，须行大社礼，祭祀这个山神时，用猪、羊二牲做祭品，进献美酒来祭祀，玉器选用一块玉璧，祀神后埋入地下。騩山，是诸山之首，祭祀騩山山神时，要进献美酒，用猪、牛、羊齐全的三牲做祭品；让女巫师和男祝师二人一起跳舞，玉器选用一块玉璧。

中次一十一山荆山之首，曰翼望之山。湍水出焉[1]，东流注于济[2]；贶水出焉[3]，东南流注于汉，其中多蛟。其上多松柏，其下多漆梓，其阳多赤金，其阴多珉。

【注释】

①湍（zhuān）水：水系名，在河南南阳。

②济：或当为“清”。清水亦在南阳境内。

③贶（kuàng）水：水系名。

【译文】

《中次一十一山经》所记述的中央第十一列山系荆山山系的第一座山是翼望山。湍水从此山发源，向东流入济水；贶水也从此山发源，向东南流入汉水，水中有很多蛟。山上生长着许多松树和柏树，山下生长着许多漆树和梓树，山南面蕴藏着丰富的金矿，山北面盛产珉石。

又东北一百五十里，曰朝歌之山，潕水出焉[①]，东南流注于荥，其中多人鱼。其上多梓枏，其兽多羬麋。有草焉，名曰莽草，可以毒鱼。

【注释】

①潕水：今舞水。出河南舞阳。

【译文】

再向东北一百五十里，是朝歌山。潕水从此山发源，向东南流入荥水，潕水中有很多人鱼。山上生长着许多梓树和楠木树，这里的野兽以羚羊、麋鹿居多。山上有一种草，名叫莽草，能毒死鱼。

又东南二百里，曰帝囷之山，其阳多㻬琈之玉，其阴多铁。帝囷之水出于其上，潜于其下，多鸣蛇。

【译文】

再向东南二百里，是帝囷山，山南面盛产㻬琈玉，山北面蕴藏着丰富的铁矿。帝囷水从此山顶上发源，潜流到山下，水中有很多鸣蛇。

又东南五十里，曰视山，其上多韭。有井焉，名曰天井，夏有水，冬竭。其上多桑，多美垩金玉。

【译文】

再向东南五十里，是视山，山上生长着许多野韭菜。山上有一口井，叫作天井，夏天有水，冬天枯竭。山上生长着许多桑树，还蕴藏着丰富的优良垩土和金、玉矿石。

又东南二百里，曰前山，其木多槠[①]，多柏，其阳多金，其阴多赭。

【注释】

①槠（zhū）：树名，常绿乔木，木质耐腐蚀，可以建造房屋。

【译文】

再向东南二百里，是前山，山上的树木以槠树居多，还有许多柏树，山南面蕴藏着丰富的金矿，山北面盛产赭石。

雍和

又东南三百里，曰丰山，有兽焉，其状如蝯[①]，赤目、赤喙、黄身，名曰雍和，见则国有大恐[②]。神耕父处之，常游清泠之渊[③]，出入有光，见则其国为败。有九钟焉，是和霜鸣。其上多金，其下多榖柞杻橿。

【注释】

①蝯（yuán）：猿。

②见：同"现"，出现。

③泠（líng）：清凉、冷清。

【译文】

再向东南三百里，是丰山。山上有一种野兽，形貌和猿猴相似，长着红色的眼睛、红色的嘴巴、黄色的身子，名叫雍和，它在哪个国家出现，哪个国家就会发生恐怖的事。神仙耕父住在这里，经常在清泠渊畅游，出入时都有光芒闪现，它在哪个国家出现，哪个国家就要衰败。山上有九口钟，它们都应和霜的降落而鸣响。山上蕴藏着丰富的金矿，山下生长着许多构树、柞树、杻树、橿树。

耕父

又东北八百里，曰兔床之山[①]。其阳多铁，其木多槠芧[②]，其草多鸡谷，其本如鸡卵，其味酸甘，食者利于人。

【注释】

①兔床之山：古山名。《五藏山经传》卷五："在泌阳县东南马谷田。"

②槠芧（zhū yú）：汪绂注："非木也，此疑当时槠芧，芧，小栗也。"即槠树和小栗树。

【译文】

再往东北八百里，有座兔床山，山的南边盛产铁，山里的树木以槠树和芧树居多，草类以鸡谷草居多，鸡谷草的根茎像鸡蛋，酸中带甜，服用它对人的身体有好处。

又东六十里，曰皮山，多垩，多赭，其木多松柏。

【译文】

从兔床山再往东六十里的地方，有座山叫皮山，皮山上有大量可以用作涂料的垩土，还有大量的赭石，这里的树木茂密，大多是松树和柏树。

又东六十里，曰瑶碧之山[①]。其木多梓枏，其阴多青臒[②]，其阳多白金。有鸟焉，其状如雉，恒食蜚[③]，名曰鸩[④]。

鸩

【注释】

①瑶碧之山：古山名。《五藏山经传》卷五："章山东南也。山在潜山县西北百里，皖水西源所出，其地名花板石。"

②青臒：青碧之类。

③恒食蜚：常食臭虫。郭璞注："蜚，负盘也；音翡。"蜚，一种有害的小飞虫，椭圆形，发出臭味，生于草丛中，嚼食稻花。

④鸩：传说中的一种毒鸟。

【译文】

从皮山再往东六十里的地方，有座山叫瑶碧山，这里的树木以梓树和楠树最多，山的北面盛产青雘，山的南面盛产白银。山中有一种禽鸟，形状像一般的野鸡，常吃蜚虫，名字叫鸩。

又东四十里，曰攻离之山，淯水出焉，南流注于汉。有鸟焉，其名曰婴勺，其状如鹊，赤目、赤喙、白身，其尾若勺，其鸣自呼。多㸲牛，多羬羊。

婴勺

【译文】

再往东四十里，有座攻离山，淯水就从这山发源，之后向南注入汉水。山里有种鸟，它的名字叫婴勺，形状像喜鹊，长着红色的眼睛和嘴巴，有白色的身体，尾巴长得像酒勺似的，这鸟的叫声就是它自己名字。这山里还有大量㸲牛、羬羊。

又东北五十里，曰袟筒之山①，其上多松柏机桓②。

【注释】

①袟筒（zhì diāo）：山名。

②桓（huán）：树名，又称无患树。古人认为它有祛邪避恶的功能。

【译文】

再往东北五十里，有座袟筒山，这座山上有大量松树、柏树、机树、桓树。

又西北一百里，曰堇理之山[①]，其上多松柏，多美梓，其阴多丹雘，多金，其兽多豹虎。有鸟焉，其状如鹊，青身白喙，白目白尾，名曰青耕，可以御疫，其鸣自叫。

青耕

【注释】

①堇（qín）理：山名。堇，黏土。

【译文】

再往西北一百里的地方，有座山叫堇理山，山上有茂密的松树柏树，还有很多优良梓树，山的北面多出产青雘，并且有丰富的金矿，这里的野兽以豹子和老虎最多。山中有一种禽鸟，形状像一般的喜鹊，却是青色的身子白色的嘴巴，白色的眼睛白色的尾巴，名称是青耕，人饲养它可以辟瘟疫，它发出的叫声就像在呼喊自己的名字。

又东南三十里，曰依轱之山[①]，其上多杻橿，多苴[②]。有兽焉，其状如犬，虎爪有甲，其名曰獜[③]，善駚坌[④]，食者不风。

獜

【注释】

①依轱（kū）：山名。

②苴（jū）：通“柤”，树名。

③獜（lín）：传说中的怪兽。

④駚坌（yāng fèn）：奔腾跳跃。

【译文】

再向东南三十里，是依轱山，山上生长着许多杻树和橿树，还有许多柤树。山上有一种野兽，形貌和狗相似，长着老虎一样的爪子，身上有鳞甲，名叫獜，擅长跳跃腾扑，人吃了它的肉就不会患风痹病。

又东南三十五里，曰即谷之山，多美玉，多玄豹，多闾麈，多麢㚟。其阳多珉，其阴多青雘。

【译文】

由依轱山往东南三十五里有座山，名叫即谷山。山中有很多优质玉石。山上生长的动物有黑豹、山驴、麋、羚羊、㚟。这座山的南坡有很多珉石，山的北坡有很多青雘。

又东南四十里，曰鸡山，其上多美梓，多桑，其草多韭。

【译文】

再向东南四十里，是鸡山，山上生长着许多优良的梓树，还有许多桑树，草类以野韭菜居多。

又东南五十里，曰高前之山，其上有水焉，甚寒而清，帝台之浆也，饮之者不心痛。其上有金，其下有赭。

【译文】

再向东南五十里，是高前山。山上有一条溪水，非常冰凉而清澈，是帝台神所用过的玉浆，人喝了它就不会患心痛病。山上蕴藏着丰富的金矿，山下盛产赭石。

又东南三十里，曰游戏之山，多杻橿榖，多玉，多封石。

【译文】

再向东南三十里，是游戏山，山上生长着许多杻树、橿树、构树，还盛产玉石，也有很多封石。

又东南三十五里，曰从山，其上多松柏，其下多竹。从水出于其上，潜于其下，其中多三足鳖，枝尾，食之无蛊疾。

【译文】

再向东南三十五里，是从山，山上生长着许多松树和柏树，山下生长着许多竹丛。从水由此山顶上发源，潜流到山下，水中有很多三足鳖，长着叉开的尾巴，人吃了它的肉就不会患神经错乱的病。

三足鳖

又东南三十里，曰婴𥗽之山[①]，其上多松柏，其下多梓櫄[②]。

【注释】

①婴𥗽（zhēn）：古山名。

②櫄（chūn）：又叫椿树，指香椿树。

【译文】

再向东南三十里，是婴𥗽山，山上生长着许多松树和柏树，山下生长着许多梓树和櫄树。

又东南三十里，曰毕山，帝苑之水出焉，东北流注于瀙[①]，其中多水玉，多蛟。其上多㻬琈之玉。

【注释】

①瀙（qìn）：水名，在河南境内，为汝水支流之一。

【译文】

再向东南三十里，是毕山。帝苑水从此山发源，向东北流入瀙水，水中盛产水晶石，还有很多蛟。山上盛产㻬琈玉。

又东南二十里，曰乐马之山，有兽焉，其状如彙[①]，赤如丹火，其名曰𤟤[②]，见则其国大疫。

【注释】

①彙（huì）：刺猬。

②猍（lì）：怪兽名。

【译文】

从毕山再往东南二十里的地方，有座山叫乐马山。山中有一种野兽，形状像一般的刺猬，全身赤红如丹火，名称是猍，这种野兽出现在哪个国家，哪个国家里就会发生大瘟疫。

猍

又东南二十五里，曰葴山[①]。潮水[②]出焉，东南流注于汝水，其中多人鱼[③]，多蛟，多颉[④]。

【注释】

①葴（zhēn）山：古山名。《五藏山经传》卷五：“今名天目山，其水曰明河，东南会雉水，下合汝水。”

②潮水：郭璞注：“或曰视宜为潮，潮水今南阳也。”

③人鱼：俗称娃娃鱼。

④颉（xié）：古代传说中的一种动物，形状像狗，皮毛呈青色。

【译文】

再往东南二十五里，有座葴山，潮水就从这山里发源，之后向东南注入汝水，附近的水里有大量娃娃、蛟龙以及颉。

又东四十里，曰婴山，其下多青雘，其上多金玉。

【译文】

再往东四十里，有座婴山，山下盛产青雘，山上盛产金属和玉石。

又东三十里，曰虎首之山，多苴椆椐。

【译文】

再往东三十里，有座虎首山，有茂密的柤树、椆树、椐树。

又东二十里，曰婴侯之山，其上多封石，其下多赤锡。

【译文】

再往东二十里，有座婴侯山，这座山上出产大量封石，山下出产丰富的红色锡土。

又东五十里，曰大孰之山，杀水出焉，东北流注于瀙水，其中多白垩。

【译文】

再往东五十里，有座大孰山，杀水就从这座山发源，之后向东北注入瀙水，沿岸附近到处都有白色的垩土分布。

又东四十里，曰卑山，其上多桃李苴梓，多纍[1]。

【注释】

①纍（lěi）：藤蔓。

【译文】

再往东四十里，有座卑山，这座山上有很多桃树、李树、柤树、梓树，也有很多藤蔓。

又东三十里，曰倚帝之山，其上多玉，其下多金。有兽焉，状如鼣鼠[1]，

狙如

白耳白喙，名曰狙如[②]，见则其国有大兵。

【注释】

①猷（fèi）鼠：传说中的鼠名。

②狙（jū）如：一种传说中的怪兽名。

【译文】

再往东三十里，有座倚帝山，这座山上有大量玉石，山下盛产黄金。山里有种野兽，形状像猷鼠，有白色的耳朵和嘴巴，它的名字叫狙如，这野兽在哪个国家出现，那个国家就会发生大规模的战争。

又东三十里，曰鲵山[①]，鲵水出于其上，潜于其下，其中多美垩。其上多金，其下多青臒。

【注释】

①鲵（ní）：就是娃娃鱼。

【译文】

再往东三十里，有座鲵山，鲵水就从这座山的山顶发源，之后流到山下，这座山里出产质地优良的垩土。山上有储量丰富的黄金，山下则盛产青臒。

又东三十里，曰雅山[①]。澧水[②]出焉，东流注于潕水，其中多大鱼。其上多美桑，其下多苴[③]，多赤金。

【注释】

①雅山：吕调阳校作“雉山”，《五藏山经传》卷五：“山在光山县南新店塘。”

②澧水:《五藏山经传》卷五:"澧水今名潢河,流至光州东北名曰白露河。一作醴水,言白浊似醴也。其水东北流右合诸小水象雉飞前其爪距之形,故山得名。

③苴(jū):郝懿行注:"经内皆云其木多苴,疑苴即祖之假借字也,粗之借为苴,亦犹杞之借为芑矣。"

【译文】

再往东三十里,有座雅山,澧水从这座山发源,之后向东注入溉水,附近的水里盛产大鱼。山上有大片优质桑树,山下有很多租树,这座山还盛产黄金。

又东五十五里,曰宣山,沦水出焉,东南流注于溉水,其中多蛟。其上有桑焉,大五十尺,其枝四衢,其叶大尺余,赤理黄华青柎,名曰帝女之桑。

【译文】

从雅山再往东五十里的地方,有座山叫宣山。沦水从这座山流出,向东南流入溉水,水中有很多蛟。山上有一种桑树,树干合抱有五十尺粗细,树枝交叉伸向四方,树叶方圆有一尺多,红色的纹理、黄色的花朵、青色的花萼,名称是帝女桑。

又东四十五里,曰衡山[①],其上多青雘,多桑,其鸟多鸜鹆[②]。

【注释】

①衡山:山名。此处衡山非南岳,别是一山。

②鸜鹆(qú yù):鸟名。

【译文】

从宣山再往东四十五里的地方,有座山叫衡山,山上盛产青雘,还有茂密的桑树,这里的禽鸟以八哥最多。

又东四十里,曰丰山,其上多封石,其木多桑,多羊桃[①],状如桃而方茎,可以为皮张[②]。

【注释】

①羊桃：一名“鬼桃”。传说中的桃树名。

②为皮张：为，治疗。张，通“胀”，浮肿。

【译文】

再往东四十里的地方，有座山叫丰山，山上多出产封石，这里的树木大多是桑树，还有大量的羊桃，形状像一般的桃树却是方方的茎干，可以用它医治人的皮肤肿胀病。

又东七十里，曰妪山，其上多美玉，其下多金，其草多鸡谷。

【译文】

再往东七十里的地方，有座山叫妪山，山上盛产优良玉石，山下盛产金，这里的花草以鸡谷草最为繁盛。

狍即

又东三十里，曰鲜山[1]，其木多楢杻苴，其草多亹冬[2]，其阳多金，其阴多铁。有兽焉，其状如膜犬[3]，赤喙、赤目、白尾，见则其邑有火，名曰狍即[4]。

【注释】

①鲜山：古山名。《五藏山经传》卷五：“在霍山县南三十六七里，有小河南流，经佛寺关西，而头陀河出霍山之南，西北流来会，曰小河口，折而东日东流河，又循霍山西麓折而北。而西北会皋水，状鲜尾之形，故曰鲜山。”

②亹（mén）冬：古草名。

③膜犬：据古书称，是生长在西膜沙漠中的一种狗，这种狗体形高大，性情猛烈，力气充沛。

④狍（yí）即：古兽名。

【译文】

从姬山再往东三十里的地方，有座山叫鲜山，这里的树木以槽树、杻树、柤树最多，花草以蔷薇最多，山的南面有丰富的金属矿物，山的北面有丰富的铁矿。山中有一种野兽，形状像膜犬，长着红嘴巴、红眼睛、白尾巴，这种野兽出现在哪里，哪里就会有火灾，它的名字叫狢即。

又东三十里，曰皋山，其阳多金，其阴多美石。皋水出焉，东流注于澧水，其中多胞石①。

【注释】

①胞（cuì）石：胞是"脆"的本字。胞石是一种轻软易断的石头。

【译文】

再往东三十里，有座皋山，这座山的南边盛产黄金，山的北边盛产美丽的石头。皋水就从这山发源，之后向东注入澧水，附近的水里盛产胞石。

又东二十五里，曰大支之山，其阳多金，其木多榖柞，无草。

【译文】

再向东二十五里，是大支山，山南面蕴藏着丰富的金矿，这里的树木以构树和柞树居多，但没有草。

又东五十里，曰区吴之山，其木多苴。

【译文】

再向东五十里，是区吴山，这里的树木以柤树居多。

又东五十里，曰声匈之山，其木多榖，多玉，上多封石。

【译文】

再向东五十里，是声匈山，这里的树木以构树居多，山上盛产玉石，还有多很封石。

又东五十里，曰大騩之山，其阳多赤金，其阴多砥石。

【译文】

再向东五十里，是大騩山，山南面蕴藏着丰富的赤金矿，山北面盛产细磨石。

又东十里，曰踵臼之山，无草木。

【译文】

再向东十里，是踵臼山，山上没有花草树木。

梁渠

又东北七十里，曰历石之山，其木多荆芑，其阳多黄金，其阴多砥石。有兽焉，其状如狸，而白首虎爪，名曰梁渠，见则其国有大兵。

【译文】

再向东北七十里，是历石山，这里的树木以牡荆和枸杞居多，山南面蕴藏着丰富的黄金，山北面盛产细磨石。山中有一种野兽，形貌和野猫相似，而长着白色的脑袋和老虎一样的爪子，名叫梁渠，它在哪个国家出现，哪个国家就会发生大的战争。

又东南一百里，曰求山，求水出于其上，潜于其下，中有美赭。其木多苴，多䉋[①]。其阳多金，其阴多铁。

【注释】

①䈃(mèi): 竹名。

【译文】

再向东南一百里，是求山。求水从此山顶上发源，潜流到山下，这里盛产优良的赭石。这里的树木以柤树居多，还有许多䈃竹。山南面蕴藏着丰富的金矿，山北面蕴藏着丰富的铁矿。

又东二百里，曰丑阳之山，其上多椆椐[①]。有鸟焉，其状如乌而赤足，名曰䳅鵌[②]，可以御火。

䳅鵌

【注释】

①椆(chóu)椐(jū): 都是树木名。

②䳅鵌(zhǐ tú): 鸟名。

【译文】

再向东二百里，是丑阳山，山上的树木以椆树和椐树居多。山中有一种鸟，样子像乌鸦而长着红色的爪子，名叫䳅鵌，人饲养它可以防火灾。

又东三百里，曰奥山，其上多柏杻橿，其阳多㻬琈之玉。奥水出焉，东流注于瀙水。

【译文】

再向东三百里，是奥山，山上的树木以柏树、杻树、橿树居多，山南面盛产㻬琈玉。奥水从此山发源，向东流入瀙水。

又东三十五里，曰服山，其木多苴，其上多封石，其下多赤锡。

【译文】

再向东三十五里，是服山，这里的树木以柤树居多，山上有很多封石，山下盛产红色的锡土矿。

又东三百里，曰杳山[①]，其上多嘉荣草，多金玉。

【注释】

①杳（yǎo）山：山名。杳，幽暗。

【译文】

再向东一百一十里，是杳山，山上生长着很多嘉荣草，还蕴藏着丰富的金、玉矿石。

又东三百五十里，曰几山，其木多楢檀杻，其草多香。有兽焉，其状如彘，黄身、白头、白尾，名曰闻獜[①]，见则天下大风。

闻獜

【注释】

①闻獜（lìn）：传说中的一种怪兽名。

【译文】

再向东三百五十里，是几山，这里的树木以楢树、檀树、杻树居多，草类以香草居多。山中有一种野兽，形貌和猪相似，而长着黄色的身子、白色的脑袋、白色的尾巴，名叫闻獜，它一出现天下就会刮起大风。

凡荆山之首，自翼望之山至于几山，凡四十八山，三千七百三十二里。其神状皆彘身人首。其祠：毛用一雄鸡祈瘗，婴用一珪，糈用五种之精。禾山，帝也。其祠：太牢之具，羞瘗倒毛，婴用一璧。牛无常。堵山、玉山，冢也，皆倒祠，羞用少牢，婴用吉玉。

【译文】

彘身人首神

总计荆山山系之首尾，自翼望山起，直到几山止，共计四十八座山，绵延三千七百三十二里。这四十八座山山神的形貌都是猪身人头。祭祀山神时，毛物选用一只公鸡，祭祀后埋入地下，玉器选用一块玉珪献祭，祀神的米用黍、稷、稻、粱、麦等五种粮米。禾山，是诸山之首。祭祀禾山山神时，毛物选用猪、牛、羊齐全的三牲做祭品，进献后埋入地下，并且要将牲畜倒着埋；玉器选用一块玉璧献祭，但不必三牲全备。堵山、玉山，也是诸山之首，祭祀后都要将牲畜倒着埋入地下，进献的祭品用猪、羊，玉器选用一块吉玉。

中次十二山洞庭山之首，曰篇遇之山，无草木，多黄金。

【译文】

中部第十二列山系，即洞庭山山脉。这一山系最西端的山名叫篇遇山。这座山上光秃秃的，寸草不生，蕴藏着丰富的黄金矿产资源。

又东南五十里，曰云山，无草木。有桂竹[①]，甚毒，伤[②]人必死，其上多黄金，其下多瑶琈之玉。

【注释】

①桂竹：竹子的一种，秆高大，坚韧致密，用作建筑材料，也可制器物。也作筴竹。

②伤：刺伤。

【译文】

由篇遇山往东南五十里有座山，名叫云山。这座山上没有别的草、树，只有一种竹，名叫桂竹，含有剧毒，人若被此竹所伤，必死无疑。这座山的山顶有很多黄金，山坡下有很多瓀琈玉。

又东南一百三十里，曰龟山，其木多榖柞椆椐，其上多黄金，其下多青、雄黄，多扶竹①。

【注释】

①扶竹：也就是邛竹，因可制手杖得名。

【译文】

再向东南一百三十里，是龟山，这里的树木以构树、柞树、椆树、椐树居多，山上盛产黄金，山下盛产石青、雄黄，还生长着许多扶竹。

又东七十里，曰丙山，多筀竹①，多黄金铜铁，无木。

【注释】

①筀（guì）竹：一种竹子。也作“桂竹”。

【译文】

再向东七十里，是丙山，山上有许多筀竹，还蕴藏着丰富的黄金、铜矿、铁矿，但没有树木。

又东南五十里，曰风伯之山，其上多金玉，其下多痠石、文石①，多铁，其木多柳杻檀楮。其东有林焉，曰莽浮之林，多美木鸟兽。

【注释】

①痠（suān）石：一种石头，形制未详。

【译文】

再向东南五十里，是风伯山，山上蕴藏着丰富的金、玉矿石，山下盛产瘦石、文石，还盛产铁矿，这里的树木以柳树、杻树、檀树、构树居多。在风伯山的东面有一片树林叫莽浮林，其中有许多美丽的树木和禽鸟野兽。

又东一百五十里，曰夫夫之山[①]，其上多黄金，其下多青、雄黄，其木多桑楮，其草多竹、鸡鼓[②]。神于儿居之，其状人身而身操两蛇，常游于江渊，出入有光。

于儿

【注释】

①夫夫之山：古山名。《五藏山经传》卷五："丙山东也。山在风井之北十馀里，有神穴平居无水，渴者诚启请乞辄得水，今名曰出水洞。山北及西有二水东北流，注清江河，象人倾偃有两势也。"夫夫山，也有作"大夫山"。

②鸡鼓：也就是上文提到的鸡谷草。

【译文】

从风伯山再往东一百五十里的地方，有座山叫夫夫山，山上多出产金属矿物，山下多出产石青、雄黄，这里的树木以桑树、构树最多，而花草以竹子、鸡谷草最为繁盛。神仙于儿就住在这座山里，形貌是人的身子却手握两条蛇，常常游玩于长江水的深渊中，出没时都有闪光。

又东南一百二十里，曰洞庭之山[①]，其上多黄金，其下多银铁，其木多柤梨橘櫾[②]，其草多葌、蘪芜、芍药、芎䓖[③]。帝之二女[④]居之，是常游于江渊。澧沅之风，交潇湘[⑤]之渊，是在九江[⑥]之间，出入必以飘风暴雨。是多怪神，状如人而载[⑦]蛇，左右手操蛇。多怪鸟。

【注释】

①洞庭之山：古山名。《五藏山经传》卷五："山在永顺桑植县西七十馀

里，曰上洞，与其东北四十里之下洞并临澧水之上，水象却车就位之形，其北之零水、辰水东西分流象屋宇形，故曰洞庭。庭之义谓左右有位也。巴陵陂亦号洞庭，以为洞庭山水所潴，亦如彭蠡之水潴为鄱阳湖，因号湖曰彭泽也。”

帝二女

② 柤（jū）梨橘櫾（yáo）：柤梨树、梨树、橘树、櫾树。

③ 葌（jiān）、蘪芜、芍药、芎䓖（xiōng qióng）：兰草、芎、䓖的苗。

④ 帝之二女居之：郭璞注：“天帝之二女而处江为神也。”汪绂注：“帝之二女，谓尧之二女以妻舜者娥皇、女英也。相传谓舜南巡狩，崩于苍梧，二妃奔赴哭之，陨于湘江，遂为湘水之神，屈原《九歌》所称湘君、湘夫人是也。”

⑤潇湘：潇水和湘水，在湖南境内。

⑥九江：《五藏山经传》卷五：“湘水大派凡九：曰湘、曰观、曰营、曰耒、曰洣、曰渌、曰涟、曰浏、曰汨，皆湘流所合，谓之九江也。”

⑦载：郝懿行注：“载亦戴也，古字通。”

【译文】

再往东南一百二十里，有座洞庭山，这座山盛产黄金，山下盛产银和铁，这山上的树木以柤树、梨树、橘子树、柚子树居多，草类以兰草、蘪芜、芍药、芎䓖等有芳香气味的草居多。天帝的两个女儿就住在这座山里，她们时常在长江的深渊中游历。从澧水和沅水吹来的风，在幽静的湘水渊潭上交会，这里就是九条江水汇合的中心地带，两位神女出入

洞庭怪神

时都伴随着疾风暴雨。洞庭山里还居住着很多神怪，他们的样子像人，身上缠绕着蛇，两只手上也缠绕着蛇。这座山上还有很多怪鸟。

又东南一百八十里，曰暴山，其木多棕、枬、荆、芑、竹、箭、䉋、箘[①]，其上多黄金、玉，其下多文石、铁，其兽多麋鹿麢麂，就[②]。

【注释】

①箘（jùn）：一种小竹子，可以用来制作箭杆。

②就：通“鹫”，鹰一类的大猛禽。

【译文】

从洞庭山再往东南一百八十里的地方，有座山叫暴山，在茂密的草木中以棕树、楠木树、牡荆树、枸杞树和竹子、箭竹、䉋竹、箘竹居多，山上多出产金属矿物、玉石，山下多出产彩色花纹的漂亮石头、铁，这里的野兽以麋麢、鹿、麂居多，这里的禽鸟大多是鹫鹰。

又东南二百里，曰即公之山，其上多黄金，其下多㻬琈之玉，其木多柳杻檀桑。有兽焉，其状如龟，而白身赤首，名曰蛫[①]，是可以御火。

【注释】

①蛫（guǐ）：一种传说中的怪兽，形似龟。

【译文】

再向东南二百里，是即公山，山上盛产黄金，山下盛产㻬琈玉，这里的树木以柳树、杻树、檀树、桑树居多。山中有一种野兽，形貌和乌龟相似，长着白色的身子、红色的脑袋，名叫蛫，人饲养它可以防御火灾。

又东南一百五十九里，有尧山，其阴多黄垩，其阳多黄金，其木多荆芑柳檀，其草多藷萸、芣。

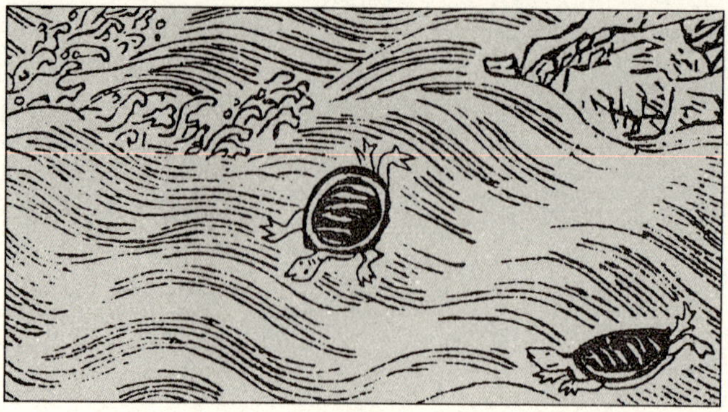

蚝

【译文】

再向东南一百五十九里，是尧山，山北面盛产黄色垩土，山南面盛产黄金，这里的树木以牡荆树、枸杞树、柳树、檀树居多，草以山药、苍术或白术居多。

又东南一百里，曰江浮之山，其上多银、砥砺，无草木，其兽多豕鹿。

【译文】

再向东南一百里，是江浮山，山上盛产银矿、磨石，没有花草树木，野兽以野猪、鹿居多。

又东二百里，曰真陵之山，其上多黄金，其下多玉，其木多榖柞柳杻，其草多荣草。

【译文】

再向东二百里，是真陵山，山上盛产黄金，山下盛产玉石，这里的树木以构树、柞树、柳树、杻树居多，草类以荣草居多。

又东南一百二十里，曰阳帝之山，多美铜，其木多橿杻檿楮[①]，其兽多麢麝。

【注释】

①檿(yǎn)：山桑，一种野生桑树，木质坚硬可以做弓和车辕。

【译文】

再向东南一百二十里，是阳帝山，山上盛产优质铜矿，这里的树木以橿树、杻树、山桑树、楮树居多，野兽以羚羊和麝香鹿居多。

又南九十里，曰柴桑之山[①]，其上多银，其下多碧，多汵石、赭，其木多柳芑楮桑，其兽多麋鹿，多白蛇、飞蛇[②]。

飞蛇

【注释】

①柴桑：山名，今在江西九江附近。

②飞蛇：也就是神话里所说的螣（téng）蛇，亦作“腾蛇”。相传能够腾云驾雾飞行。

【译文】

再向南九十里，是柴桑山，山上蕴藏着丰富的银矿，山下盛产碧玉，还有很多汵石、赭石，这里的树木以柳树、枸杞树、楮树、桑树居多，野兽以麋鹿、鹿居多，还有许多白色蛇、飞蛇。

又东二百三十里，曰荣余之山，其上多铜，其下多银，其木多柳芑，其虫多怪蛇、怪虫。

【译文】

再向东二百三十里，是荣余山，山上蕴藏着丰富的铜矿，山下蕴藏着丰富的银矿，这里的树木以柳树、枸杞树居多，虫类以怪蛇、怪虫居多。

凡洞庭山之首，自篇遇之山至于荣余之山，凡十五山，二千八百里。其神状皆鸟身而龙首。其祠：毛用一雄鸡、一牝豚钊[①]，糈用稌。凡夫夫之山、即公之山、尧山、阳帝之山，皆冢也，其祠：皆肆瘗[②]，祈用酒，毛用少牢，婴用一吉玉。洞庭、荣余山，神也，其祠：皆肆瘗，祈酒太牢祠，婴用圭璧十五，五采惠[③]之。

【注释】

①刉（jī）：切割。

②肆：陈设，摆设。

③惠：通“绘”，描绘。

鸟身龙首神

【译文】

综观中部第十二列山系，即洞庭山脉，西自篇遇山，东至荣余山，共计十五座山，绵延两千八百里。这些山的山神，体形像鸟，脑袋却像龙。祭祀这些山神的礼仪，绝大部分都是用一只杀死后的公鸡、一头杀死后的公猪作为毛物；用稻米做精米。其中的夫夫山、即公山、光山、阳帝山是众山的宗主，祭祀它们用猪、羊作为毛物，用酒敬献祭神，将毛物和酒先陈设祭祀后再埋在地下，玉用一块吉玉，系在毛物颈项上。而洞庭山、荣余山是神社，祭祀这两座山的山神，用猪、羊、牛作为毛物，并敬献酒，在毛物颈项上系十五块圭玉和璧玉，并在这些玉上涂饰五色。祭祀时先将祭物陈设，祈祷后再将祭物埋到地下。

右中经之山，大凡百九十七山，二万一千三百七十一里。

【译文】

以上所述中部山系，总共一百九十七座山，绵延二万一千三百七十一里。

大凡天下名山五千三百七十，居地，大凡六万四千五十六里。

【译文】

山经到此为止就全部讲完了。大概算起来，天下名山总共有五千三百七十座，分布在东南西北中部各处，并连成一体，绵延六万四千五十六里。

禹曰：天下名山，经五千三百七十山，六万四千五十六里，居地也。言其《五臧》[①]，盖其余小山甚众，不足记云。天地之东西二万八千里，南北二万六千里，出水者八千里，受水者八千里，出铜之山四百六十七，出铁之山三千六百九十。此天地之所分壤树谷也[②]，戈矛之所发也，刀铩之所起也[③]，能者有余，拙者不足。封于太山[④]，禅于梁父[⑤]，七十二家，得失之数[⑥]，皆在此内，是谓国用[⑦]。

【注释】

①《五臧（zàng）》：五脏。这里把山比作中土的五脏。臧，同“脏”。

②树谷：树，种植、培育。谷，这里泛指各种农作物。

③铩：古代一种兵器，长刃的刀矛。

④封于太山：封是上古帝王筑坛祭祀天地及四方山岳之神的活动。太山就是泰山。

⑤禅（shàn）于梁父：“禅”是和“封”同时进行的仪式，是上古帝王在泰山南面的梁父山上祭地的活动。

⑥数：天命，命运。

⑦国用：国家的物产财富来源，即为国所用。

【译文】

大禹曾经说过：天下名山，我经历过五千三百七十座山，绵延六万四千五十六里，分布在东南西北中五个部位。说分布五个部位，可能就是天下名山，而其他一些小山太多，实在无法统计。天地间，从东到西有二万八千里，从南到北二万六千里。天下名山中，为河流发源地的山，共有八千里；河流流经的山，也有八千里；蕴藏有铜矿资源的山，共有四百六十七座，蕴藏有铁矿资源的山，共有三千六百九十座。这些山蕴藏着丰富的资源。这是划分疆土，种植谷物的分界，也是引发战争的地方。有能力的人富裕有余，愚拙的人则贫乏不足。再看国君在泰山受封、梁父山受封的，共有七十二家。这七十二家中得失、荣辱、兴衰的规律，其实也正在于勤俭和奢侈不同罢了。

右《五臧山经》五篇，大凡一万五千五百三字。

【译文】

以上是《五藏山经》五篇，共计一万五千五百零三个字。

卷六　海外南经

卷六

海外南经

【题解】

《海外南经》记载了在中土本部之外南部的文明，记叙的顺序由西至东。欢头国在《山海经》里也叫灌兜、鹳头、欢兜等，不一而足，这一部族在传说中是被流放的部族。有人认为是尧帝长子丹朱的后代。在和舜帝的斗争中失败。三苗部族也是南方有名的部族，后来也在舜帝时遭到惩罚。羿与凿齿战于寿华之野也是中国古代英雄神话的重要一篇。传说尧帝时十日并出，植物枯死，凿齿、猰貐、九婴、大风、封狶、修蛇等猛兽长蛇为害人间，羿射落九日，射杀猛兽长蛇，为民除害。

《海外南经》基本上都是按照方位排列的国度记录的，其中也记述了一些神灵和奇特的动植物。共十三国、三座山，其余神灵、鸟兽、树木共有六个。

此外值得注意的是尧帝和喾帝都葬在海外的狄山，这表明南方可能也是中华文明早期较发达的地区。

地之所载，六合①之间，四海之内，照之以日月，经之以星辰②，纪之以四时③，要④之以太岁⑤，神灵所生固，其物异形，或夭或寿，唯圣人能通其道。

【注释】

①六合：古人以东、西、南、北、上、下六方为六合。这里是指天地四方，整个宇宙的巨大空间。

②经之以星辰：用星宿来划分空间。经，治理的意思。

③纪之以四时：以春夏秋冬四时来记载季节。纪在这里是“分别”的意思。

④要：矫正，更正。

⑤太岁：木星。古人称为“岁星”，太阳系九大行星之一。

⑥神灵所生：大凡神灵所生育的万物。

【译文】

凡是大地负载的，天地四方之间，四海以内，有日月光辉照耀着，有无数星辰运行着，用春夏秋冬四个季节来计载，用木星的运行轨迹来记年。大凡神灵所生的万物，这些生物有不同的形体，有的早亡，有的长寿，只有那些品德高尚智慧高超的人才能通晓其中的道理。

海外自西南陬至东南陬者[①]。

【注释】

①陬（zōu）：犹“隅”，角落。

【译文】

先介绍海外从西南角到东南角的地理情况。

结匈国

结匈国在其西南，其为人结匈[①]。

【注释】

①结匈：结胸可能就是现在所说的鸡胸，是一种畸形。匈，“胸”的古字。

【译文】

结胸国在西南面，国中的人长着像鸡胸一样尖锐凸出的胸骨。

南山在其东南。自此山来，虫为蛇，蛇号为鱼。一曰南山在结匈东南。

【译文】

南山在它东南面。从这座山来的人，把虫叫作蛇，把蛇叫作鱼。也有一种说法认为南山在结胸国的东南。

比翼鸟在其东，其为鸟青、赤，两鸟比翼。一曰在南山东。

【译文】

比翼鸟在它东面，这种鸟的羽毛青红相间，只有两只鸟的翅膀配合才能飞翔。还有一种说法认为比翼鸟在南山东边。

羽民国在其东南，其为人长头，身生羽。一曰在比翼鸟东南，其为人长颊[1]。

【注释】

①颊（jiá）：面颊，脸两侧的部位。

【译文】

羽民国在它东南，国中的人脑袋很长，遍体生满羽毛。另有一种说法认为羽民国在比翼鸟东南，那里的人有着长长的面颊。

羽民国

有神人二八，连臂，为帝司夜于此野[1]。在羽民东。其为人小颊赤肩。

【注释】

①司夜：守候管理夜晚。司，管理。

【译文】

有一种神人，手臂连在一起，在旷野中为天帝守夜。在羽民国的东面，那里的人脸颊狭小，肩膀是红色的，总共有十六个人。

毕方鸟在其东，青水西，其为鸟人面一脚。一曰在二八神东。

【译文】

毕方鸟在它的东面，在青水的西面，这种鸟长着人一样的面孔，只有一只脚。也有一种说法认为毕方鸟在二八神人的东面。

讙头国

讙头国在其南[①]，其为人人面有翼，鸟喙，方捕鱼。一曰在毕方东。或曰讙朱国。

【注释】

①讙（huān）头：就是所说的讙头、讙朱、丹朱等。可能都是指帝尧的长子丹朱一系，被放逐于南方。

【译文】

讙头国在它的南面，那里的人都长着人的面孔，有翅膀和鸟嘴，正在捕鱼。也有一种说法认为讙头国在毕方鸟的东面。还有人认为讙头国就是讙朱国。

厌火国

厌火国在其南，其为人兽身黑色，火出其口中。一曰在讙朱东。

【译文】

厌火国在它的南面，那

里的人都长着野兽一样的身子而且是黑色的，火从他们的口中吐出。也有一种说法认为厌火国在讙朱国的东面。

三珠树在厌火北，生赤水上，其为树如柏，叶皆为珠。一曰其为树若彗[①]。

【注释】

①彗：彗星，俗称扫把星，拖着一条尾巴像扫把。为树若彗就是说树的形状像扫把一样。

【译文】

三珠树在厌火国的北面，生长在赤水岸边，三珠树和柏树相似，叶子都是珍珠。也有一种说法认为三珠树的形状和彗星相似。

三苗国在赤水东[①]，其为人相随[②]。一曰三毛国。

【注释】

①三苗：传说尧欲传位于舜，三苗不服，尧杀其首领，迁民于三危。

②为人相随：人们彼此排队跟随，似乎要远徙的样子。

【译文】

三苗国在赤水的东面，那里的人相互跟随着行走。也有一种说法认为三苗国就是三毛国。

戴国

戴国在其东[①]，其为人黄，能操弓射蛇。一曰戴国在三毛东。

【注释】

①戴（zhì）国：传说中的国名。

【译文】

戴国在它的东面，那里的人都是黄

皮肤，能张弓搭箭射死蛇。也有一种说法认为臷国在三毛国的东面。

贯匈国

贯匈国在其东，其为人匈有窍[①]。一曰在臷国东。

【注释】

①窍：孔，洞。

【译文】

贯胸国在它的东边，这个国家的人胸部都有个洞。还有一种说法认为贯胸国在臷国的东面。

交胫国在其东[①]，其为人交胫。一曰在穿匈东[②]。

【注释】

①交胫（jìng）：胫是人的小腿，交胫就是小腿相交。

②穿匈：贯匈。匈，通“胸”。

【译文】

交胫国在它的东面，这个国家的人总是互相交叉着双腿双脚。还有一种说法认为交胫国在穿胸国的东面。

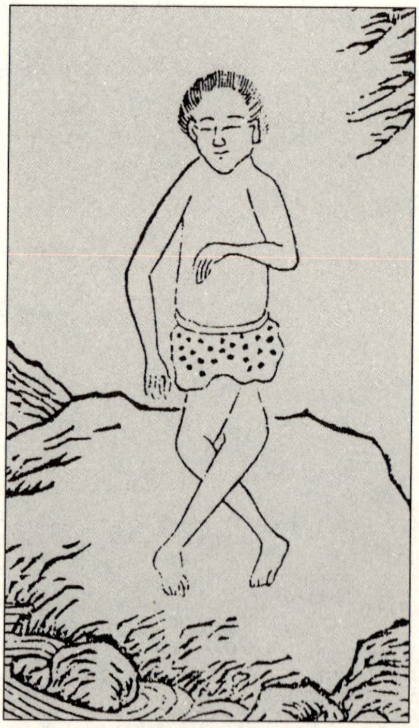

交胫国

不死民在其东，其为人黑色，寿，不死。一曰在穿匈国东。

【译文】

不死民在交胫国的东面，这个国家人

不死民

皮肤黝黑，个个都能长生不老。还有一种说法认为不死民在穿胸国的东面。

反舌国在其东，其为人反舌[①]。一曰支舌国，在不死民东。

【注释】

①反舌：舌尖伸向咽喉，舌根朝外。

【译文】

反舌国在它的东面，这个国家的人都是舌根在前、舌尖伸向喉部。还有一种说法认为反舌国在不死民的东面。

昆仑虚在其东，虚四方[①]。一曰在反舌东，为虚四方。

【注释】

①虚：这里指山脚、山基。

【译文】

昆仑山在它的东面，它的基部向四面八方延伸。还有一种说法认为昆仑山在反舌国的东面，基部向四面八方延伸。

羿与凿齿战于寿华之野[①]，羿射杀之。在昆仑虚东。羿持弓矢，凿齿持盾。一曰持戈。

【注释】

①凿齿：传说中的人物。其齿如凿，长五六尺。

【译文】

羿和凿齿在寿华的荒野交战，羿射死了凿齿。交战地点就在昆仑山的东面。在交战中羿手拿弓箭，凿齿手拿盾牌。也有一种说法认为凿齿拿着戈。

三首国

三首国在其东，其为人一身三首。一曰在凿齿东。

【译文】

三首国在它的东面，那里的人都是一个身子上长有三个头。

周饶国在其东，其为人短小，冠带[①]。一曰焦侥国在三首东[②]。

【注释】

①冠带：戴帽子系衣带，一般来说是文明的象征。

②焦侥国：就是周饶国，“焦侥”、“周饶”都是“侏儒”的转声，意思是身材短小。

【译文】

周饶国在它的东面，那里的人身材都很矮小，都戴着帽子，系着腰带。也有一种说法认为周饶国在三首国的东面。

周饶国

长臂国在其东，捕鱼水中，两手各操一鱼。一曰在焦侥东，捕鱼海中。

【译文】

长臂国在它的东面，那里的人在水中捕鱼，能两只手各抓一条鱼。也有一种说法认为长臂国在焦侥国的东面，那里的人在大海中捕鱼。

狄山，帝尧葬于阳，帝喾葬于阴①。爰有熊、罴、文虎、蜼、豹、离朱、视肉②。吁咽、文王皆葬其所③。一曰汤山。一曰爰有熊、罴、文虎、蜼、豹、离朱、鸱久、视肉、虖交④。

【注释】

①帝喾（kù）：传说中的上古帝王。

②离朱：可能是神话中的三足鸟，与乌鸦相似。视肉：传说中的怪兽，形如牛肝有眼睛，割去它的肉可以重新生长出来。

③吁咽、文王：吁咽可能是指虞舜，文王则是周文王姬昌。

④鸱久：前文中"鸺鹠"一类的鸟。

【译文】

狄山，唐尧死后葬在此山的南面，帝喾死后葬在此山的北面。这里有熊、罴、文虎、蜼、豹、离朱、视肉等鸟兽。吁咽和文王也都埋葬在这里。也有一种说法认为是葬在汤山。还有一种说法认为这里有熊、罴、文虎、蜼、豹、离朱、鸱久、视肉、虖交等鸟兽。

祝融

有范林方三百里。

【译文】

有一片方圆三百里的范林。

南方祝融，兽身人面，乘两龙。

【译文】

南方的祝融神，长着野兽的身子、人的面孔，乘着两条龙。